Friedrich von Holstein von Karl Nolden

Friedrich von Holstein 1877.

Friedrich von Holstein
von Karl Nolden

Preußische Köpfe

Stapp Verlag Berlin

Die Buchreihe *Preußische Köpfe* erscheint unter der Schirm-
herrschaft des Präsidenten der Stiftung Preußischer Kulturbesitz
Prof. Dr. *Werner Knopp.*
Sie wird herausgegeben von *Heinz Ohff.*
Die grafische Gestaltung besorgt *Christian Chruxin.*

© Stapp Verlag Wolfgang Stapp, Berlin 1983
Gesamtherstellung: Kösel, Kempten
ISBN 3 87776 161 5

Inhalt

Karikatur von *Olaf Gulbransson* im Simplicissimus am 31. Mai 1909: „Ein merkwürdiger Fall. Nachdem *Harden* ihm all sein Gift abgezapft hatte, starb Holstein."

Einleitung

Unter den deutschen Politikern der wilhelminischen Epoche gibt es wenige, über die jahrzehntelang soviel gemutmaßt und so wenig gewußt wurde, wie den Geheimrat Friedrich von Holstein, der nach *Bismarcks* Abgang bis zu seiner eigenen Entlassung ein halbes Menschenalter faktisch Leiter der Politischen Abteilung des Auswärtigen Amtes war. Als Inhaber dieser zwar nicht geringen, aber nicht mit genau umschriebenen Zuständigkeiten und formeller verfassungsmäßiger Verantwortung ausgestatteten Stellung übte er beträchtlichen Einfluß aus. Der wirkliche Holstein war weder, wie es in der „Deutschen Geschichte" von *Michael Freund* heißt, ein „Mann im Dunkel", noch war sein Einfluß so dominierend, wie von Zeitgenossen und Nachwelt vielfach geglaubt wurde. Das Zwielichtige seiner Persönlichkeit und seines Handelns wird dadurch charakterisiert, daß er noch im Dienst als die „graue Eminenz" des Auswärtigen Amtes bezeichnet wurde. Auch der Kaiser hat den vor allem durch *Maximilian Harden* verbreiteten Ausdruck gebraucht.

Solche Prädikate haben ihren Reiz und ihren Wert. Das „Vorbild" ist *Richelieus* langjähriger Berater *Joseph François Le Clerc de Tremblay*, ein Kapuziner genannt „père Joseph" (1577–1638), der aber auf die Dauer ebenso wenig ein Unbekannter geblieben ist, wie andere graue Eminenzen[1]. Wenn solche Persönlichkeiten tatsächlich eminent werden, bleiben sie halt nicht „grau". Père Joseph wurde übrigens 1634 zum

Minister ernannt. Als Holstein, zur Zeit der Algecíraskrise (1906), so bekannt geworden war, daß alle Welt von ihm sprach, waren seine Tage im Amt gezählt, da er nun als eigentlich Verantwortlicher „dingfest" gemacht war. Möglich sind solche „nicht verantwortlichen" Berater zu allen Zeiten und in jedem politischen System, auch in der Demokratie. Präsident *Wilsons* (1913–1921) Berater *Oberst House* wurde schon vor dem Ausbruch des Weltkrieges „père Joseph" genannt *(Hölzle)*.

Es scheint fraglich, ob man Holstein als Typus eines altpreußischen Beamten bezeichnen könnte. Gewiß hatte er viele Eigenschaften eines solchen: Hingabe an den Dienst und alle daraus folgenden Pflichten, verbunden mit einfacher Lebensführung. Aber Pflicht hieß bei ihm nicht nur gewissenhafte Erfüllung von Dienstgeschäften, sondern auch moralische Verantwortung, und insoweit fühlte er nicht die Verantwortlichkeit eines Beamten, sondern die eines Politikers. Gewiß muß man fragen, warum Holstein, wenn er sich für so verantwortlich hielt, nicht auch eine entsprechende Stellung anstrebte. Dazu ist zu sagen, daß er unter *Bismarck* wie nachher seine tatsächliche verhältnismäßig bescheidene Position immer wieder riskierte. In seinem Amt hat er jedoch nicht nur gelegentlich seine Zuflucht zur Intrige genommen, sondern ständig; darin war er ein Meister. In dem politischen System, welches in Preußen-Deutschland zwischen 1870 und 1914 bestand, hätte er sich ohne dieses Mittel nicht behaupten und keinen Einfluß ausüben können.

So wenig bürokratisch Holstein persönlich war, so sehr hielt er zeitlebens das Wohl des Landes bei der Bürokratie für am besten aufgehoben. Der berühmten „Lebenslüge des Obrigkeitsstaates", der Fiktion der vollen Unparteilichkeit der Beamten, erlag also auch er.

In der Außenpolitik war er wie der alte *Bismarck* im Grunde ein Verfechter des status quo. In der Bündnispolitik des Kanzlers suchte er die Akzente anders zu setzen, sie möglichst gegen Rußland zu wenden. In Europa verwarf er jegliche territoriale Ausdehnung, und der Gedanke, mit Österreich könne es wirklich zu Ende gehen und das Reich werde dann um dessen deutschsprachige Länder vergrößert werden, machte ihm keine Freude. Gewiß suchte er entschiedener als Bismarck, Rußland einzudämmen, und entschiedener als dieser dafür das Bündnis mit England. Noch viel zäher kämpfte er später gegen das „persönliche Regiment" *Wilhelms II.*, namentlich die Flotten-politik und alles andere, das einer Einigung mit England im Wege stand, z. B. Ausdehnung im Nahen Osten und Forcierung der Kolonialpolitik. Aber das Bündnis mit England sollte auch das Risiko vermeiden, als „Festlanddegen" dienen zu müssen. Diese übergroße Vorsicht hat zum schließlichen Mißerfolg ihr Teil beigesteuert.

Bismarcks Blick für Imponderabilien und die Gelegenheit des historischen Augenblicks, den καιρός, wie das in der Antike hieß, hatte Holstein nicht. Er war kein großer Staatsmann. Er ähnelte dem Kanzler darin, daß er sich von persönlichen Sympathien und Antipathien stark beeinflussen ließ; ihm mangelte aber Bismarcks sicherer Blick der Unterscheidung zwischen wirklich großen und anderen Dingen. Bei dem harten Entweder-Oder, vor das Deutschland gestellt war, entweder Vermeidung eines Bruches mit Rußland oder Anschluß an England, bezog er zwar Position, schätzte aber die Möglichkei-ten seines und die des umworbenen Landes nicht richtig ein. Man kann ihn aber in dieser Hinsicht nicht kritisieren, ohne daß auch die Bismarcksche Bündnispolitik mitbetroffen wird. Deren Ziel und Inhalt war eben doch letztlich, eine Entscheidung für eine der beiden Weltmächte hinauszuschieben. Daß dieses Hinausschieben zu Holsteins Zeit im Amt zu lange weiterging, darin liegt ein Hauptpunkt seiner Verantwortung, wenn er auch den Verfechtern der „Weltpolitik" und deren Überschätzung der deutschen Macht fernstand. Er hat hinsichtlich der Begrenztheit deutscher Möglichkeiten noch umgelernt und auch nach seiner Entlassung sein bestes getan, den „Frieden mit England" doch noch zustande zu bringen.

Als Werkzeug in der Hand eines Höheren, wie *Bismarck*, hat Holstein sich nie gefühlt. Das wäre auch unangemessen, denn er war kein Staatslenker, der auf den „Gang der Sache" aus eigenem Willen und in eigener Verantwortung maßgebenden Einfluß nahm. Sein Geltungsbedürfnis – *Norman Rich*, der Autor der englischsprachigen großen Biographie Holsteins, verwendet bewußt diesen deutschen Ausdruck – war befriedigt, ohne daß er als Matador auf dem Schauplatz erschien. Aber dabeisein, wo und wenn Entscheidungen fielen, das wollte er – und ein Stück wirklicher Macht. Dabei fand er Gelegenheit zum Risiko, ja zum gewagten Spiel, womit er die Abenteuerlust, die ihn in jungen Jahren in die Wildnisse beider Amerika führte und ihn noch in vorgerücktem Alter gewagte Hochgebirgstouren unternehmen ließ, auf ein anderes Feld verlegte.

Durch Natur und Erziehung war Holstein gewiß extrem egozentrisch und selbstgenügsam, aber er war weder ein Egoist noch ein Menschenfeind. Sein ständiges Eintreten für die Interessen der untergeordneten Bediensteten des Auswärtigen Amtes ist bekannt, und im Rahmen seiner Mittel half er, auch nach dem Verlust seines ererbten Vermögens, häufig in der Stille. Er hat keine nennenswerten materiellen Güter hinterlassen. Eine Leidenschaft hatte er bis ins Alter: gutes Essen, wovon heute noch auf den Speisekarten der Gasthäuser das Schnitzel à la Holstein zeugt.[2]

Wirklich enge persönliche Bindungen ging Holstein nie ein. Es ist unklar, wie weit seine Beziehungen zu Frau *von Lebbin* reichten, der Vertrauten seiner späteren Jahre, ob sie jemals intimer Natur waren. Er hatte zahllose Bekanntschaften, aber, wie *Bismarck*, kaum einen Freund. Man muß sehr zögern, in dem *Fürsten Radolin*, seinem einzigen Duzbruder, eine Ausnahme zu sehen. Hier zeigen sich Reserven. Holstein unterschreibt seine Briefe an Radolin, der meist „Dein Hugo" oder „Dein treuer Hugo" zeichnet, immer nur mit dem Familiennamen. „Friedrich" oder „Fritz" heißt er lediglich bei Verwandten, bei seiner Kusine *Ida von Stülpnagel* gelegentlich sogar „Dein Bruder Fritz". Die Söhne Bismarcks, die er in jungen Jahren kennenlernte, redete er mündlich und schriftlich mit den Vornamen (aber selbstverständlich mit „Sie") an, ließ sich von ihnen jedoch „Holstein" nennen. In *Bernhard von Bülow* sah er lebenslang einen Zögling. Folgerichtig hieß er „lieber Bülow", auch als er Reichskanzler, Graf und Fürst geworden war.

Andere Lebensbereiche, etwa Kunst oder Literatur, berührten Holstein wenig, doch verwandte er gern in der Jugend oder auch später erworbene literarische Kenntnisse, er unterhielt freundschaftliche Beziehungen zu dem Museumsdirektor *Wilhelm (von) Bode*. Aber alle seine Interessen standen unter dem politischen Aspekt, auch hier dem „großen capo" *Bismarck* ähnlich. Die Veränderung der Welt durch die Technik nahm er, zumal in höheren Jahren, mit wenig Sympathie zur Kenntnis, und der Wirtschafts- und Finanzpolitik blieb er trotz eigener mehrjähriger Unternehmertätigkeit fremd.

Verhältnismäßig gering – was auf den ersten Blick angesichts der politischen und sozialen Struktur Deutschlands sehr merkwürdig zu sein scheint – waren auch seine Kontakte zum Militär, dessen direkte Einflußnahme auf die Politik im Kaiserreich nicht groß war, wobei man hinzufügen muß, daß sie im letzten Jahrzehnt vor dem Weltkrieg wuchs. Ein politischer General wie *Waldersee* blieb aber im wilhelminischen Deutschland eine Ausnahme. Gewiß war die soziale Stellung der Armee im Staate überragend, der „Militarismus", hier verstanden als gesellschaftliche Sonderstellung und Wertung des Offiziers in der Öffentlichkeit und vor allem in den gehobenen Kreisen, unverhältnismäßig. Hierzu gehört auch die allgemeine Überbewertung der Uniform, zu der *Bismarck*, besonders nach 1871, fleißig beigetragen hat und die durch den „Hauptmann von Köpenick" und durch andere Fakten deutlich veranschaulicht wird, zum Beispiel den *Fürsten Hohenlohe*, der es als bayerischer Ministerpräsident (1866–1870) stolz versäumt hatte, zum General à la suite ernannt zu werden, aber als Statthalter in den Reichslanden ständig – und schließlich vergeblich! – sich mühte, eine zu bekommen.

Daß *Bismarck* gegen seinen Willen gehen mußte und die Dinge im Reich nicht so liefen, wie die Kanzler *Caprivi*,

Hohenlohe und *Bülow* oder wie Holstein es wollten, dafür gab es einen entscheidenden Faktor: den Kaiser. Es ist hierbei nicht in erster Linie an die Person zu denken, an *Wilhelm II.*, sondern an die Institution. Jahrzehntelang pflegte Bismarck im preußischen Staatsministerium zu sagen, der eigentliche Ministerpräsident sei der König von Preußen. Er hat alles getan, das zu mehr als einem Wort zu machen, und, so gesehen, damit selbst die Möglichkeit seiner Entlassung zu einem ihm unerwünschten Zeitpunkt geschaffen. Nur weil er als König von Preußen und Deutscher Kaiser eine so überragende Machtstellung besaß, konnte Wilhelm II. ein Vierteljahrhundert lang seine Rolle spielen. Damit trägt er aber auch einen sehr großen Anteil der Verantwortung für die gesamte deutsche Politik bis zum Ersten Weltkrieg, in erster Linie auch hinsichtlich des Grundübels: der Selbstüberschätzung. Gewiß tragen auch die Helfer ihr Teil; aber keiner von ihnen, weder Holstein noch *Bülow* oder *Tirpitz*, konnten ohne den Herrn entscheiden.

Holstein war einer der wenigen, die dem Kaiser bewußt und konsequent widerstanden. Er suchte mit seinen Mitteln „Plötzlichkeiten" des hohen Herrn wenn nicht unmöglich, so doch weniger schädlich zu machen. Daß er das sechzehn Jahre lang tun konnte, hatte er der Unauffälligkeit seiner amtlichen Stellung zu danken. Unter den leitenden Persönlichkeiten des wilhelminischen Zeitalters ragt er hervor als ein Mann von unabhängigem Geist, mit Mut und persönlicher Integrität, der nach seinen Kräften seine Pflicht tat.

1. Jugend und Wanderjahre

Friedrich (Fritz) von Holstein war das einzige Kind schon bejahrter Eltern. Als er am 24. April 1837 in Schwedt/Oder geboren wurde, war sein Vater August 37, seine Mutter Karoline fast 46 Jahre alt.

August von Holstein, geboren 1800, stammte aus alter in Mecklenburg ansässiger Adelsfamilie. Er war, da ein Bruder in jungen Jahren starb, der Letzte seines Geschlechts. Auch von seinen drei Schwestern lebte eine nicht lange. Die älteste, *Luise,* 1802–1859, blieb unverheiratet. Nur die jüngste, *Wilhelmine (Minna) von Holtzendorff,* 1818–1874, spielte in seinem und seines Sohnes Leben eine bedeutende Rolle. Das Familiengut Ballin in Mecklenburg-Strelitz ging in den Wirren der napoleonischen Zeit verloren, und August von Holstein trat 1817 in die preußische Armee ein, in der sein Vater Offizier gewesen war. Er nahm Dienst als Fahnenjunker im zweiten Garderegiment zu Fuß in Berlin, wurde 1819 Leutnant und blieb es fünfzehn Jahre lang, bis er 1834 zum Oberleutnant befördert wurde. Aussicht auf eine weitere Karriere eröffnete sich nicht, doch kam es zu einer Lebenswende, als er im März 1834 *Auguste von Brünnow,* Angehörige einer angesehenen und wohlhabenden altpommerschen Gutsbesitzerfamilie, heiratete und einen Hausstand in Berlin begründete.

Bereits um die Weihnachtszeit 1834 starb Auguste an den Folgen einer Fehlgeburt. Gut ein Jahr danach kam es zwischen

August von Holstein und der Familie *Brünnow* zu einem Übereinkommen. Er heiratete im Juni 1836 die ledige ältere Schwester seiner ersten Frau, *Karoline,* das einzige überlebende Kind seiner Schwiegereltern und nunmehr alleinige Erbin des Brünnowschen Besitzes. Einige Monate vorher, im Februar 1836, nahm er auf Wunsch seiner hochbetagten Schwiegereltern – der Major a. D. *Karl Georg Ehrenreich von Brünnow* war 80, seine Frau *Justine Wilhelmine von Eickstedt* 74 Jahre alt – den Abschied, der ihm mit Pension und Uniform bewilligt wurde. Seine lange Dienstzeit und seine künftige ehrenvolle Stellung im pommerschen Adel halfen mit, daß auch die Bitte an König *Friedrich Wilhelm III.* auf Verleihung des Titels eines Kammerherrn erfüllt wurde. – Die zweite Ehe war aber nicht nur eine auf äußere Sicherheit und gegenseitige Achtung gegründete Vernunftbeziehung, sie wurde ein in wechselseitiger Liebe ruhender Lebensbund.

Gewarnt durch das Schicksal ihrer Schwester, erwartete Frau von Holstein ihre Niederkunft nicht zu Hause, sondern begab sich zur Entbindung nach Schwedt, um rascher ärztlicher Hilfe sicher zu sein. In der lutherischen Kirche seines Geburtsorts wurde Friedrich am 16. Mai 1837 getauft. Seinen Vornamen erhielt er nach seinem schon 1820 nur 43jährig verstorbenen Großvater väterlicherseits.

Das Aufwachsen des Einzelkindes in der Obhut seiner Eltern und Großeltern auf dem Brünnowschen Gut Trebenow im Kreise Kammin in Hinterpommern, einem Besitz von 3000 Morgen = 750 Hektar, zeigt außer der Tatsache, daß nur Erwachsene die Umwelt bestimmten, keine Besonderheiten. Fritz erhielt die beim Landadel übliche Erziehung. – Bis weit ins zwanzigste Jahrhundert hinein ist es bei den adligen Gutsbesitzern Ostdeutschlands üblich gewesen, die Kinder durch Hauslehrer unterrichten zu lassen, bis sie allenfalls die letzten Klassen eines öffentlichen oder privaten Gymnasiums absolvierten.[3] Gewiß gab es Ausnahmen. So bestand die Mutter *Otto von Bismarcks,* der auf Holsteins Lebensgang mehrmals entscheidenden Einfluß nehmen sollte, darauf, daß ihr Sohn eine Berliner

Vorbereitungsschule und das Gymnasium Zum Grauen Kloster besuchte, an dem er mit knapp 17 Jahren das Abitur bestand. Auch Fritz von Holstein war noch nicht 17, als er, im Oktober 1853, als Extraner beim Berliner Köllnischen Realgymnasium mit gutem Erfolg diese Hürde nahm.

In Trebenow wie in Berlin, wohin seine Eltern alljährlich für mehrere Wochen übersiedelten, blieb Fritz ohne Gespielen, und auch nach dem Abitur hatte er keine Freunde. Verhältnismäßig häufige Badereisen änderten daran nichts, und bei anderen wochenlangen Aufenthalten auf dem Gut Karlstein bei Zehden (südlich von Schwedt, aber rechts der Oder), dem Wohnsitz seiner Tante *Minna von Holtzendorff*, waren es „nur" zwei Mädchen, seine Kusinen *Adela* und *Ida*, die sich ihm anschlossen. Mit Ida, 1840–1910, später *Frau von Stülpnagel-Dargitz*, blieb er lebenslang eng verbunden.

Nach dem Tod seiner Schwiegereltern veräußerte *August von Holstein* den Familienbesitz, 1844 das Gut Dewsberg, Anfang 1848 auch Trebenow, um ganz nach Berlin zu ziehen. Die Revolution verzögerte die Ausführung dieses Vorhabens. Nach Wochen in Karlstein, wo man „den Sieg des Volkes" erfuhr, wurde zwar eine Wohnung in Berlin gemietet, doch entzog sich August von Holstein der Einreihung in die Bürgerwehr; es kam zu einem mehrjährigen Wanderleben in Deutschland, Italien und der Schweiz. Erst im Frühjahr 1853 mietete er in Berlin ein Haus Unter den Linden, in welchem er mit sechs Personen Dienerschaft, einer nach den Maßstäben der Zeit geringen Zahl, einen herrschaftlichen Hausstand gründete. Außer gelegentlichen opulenten Diners gab der Vater, da seine Frau ihrer schwachen Gesundheit wegen häusliche Stille liebte, keine Gesellschaften, verkehrte jedoch viel in den vornehmen Kreisen der Hauptstadt, in denen er beliebt und, namentlich seit seiner Ernennung zum Johanniterritter, 1856, angesehen war.

An diesem gesellschaftlichen Leben nahm Friedrich, obwohl er selbstverständlich auch Unterricht in Musik – zum 18. Geburtstag bekam er sogar einen Flügel als Geschenk und zum

21. sein erstes eigenes Reitpferd, etwas später ein Zündnadelge-
wehr –, Tanzen, Fechten und Reiten erhielt, kaum teil. Seit
Herbst 1853 studierte er an der Berliner Universität Rechtswissenschaften, wobei zu seinen Lehrern *Rudolf (von) Gneist,*
später Ratgeber *Bismarcks* in Fragen von Gesetzgebung und
Verwaltung, und der konservative Staatsrechtler *Friedrich Julius
Stahl* gehörten. Nach knapp drei Jahren bestand er die erste
juristische Staatsprüfung; im Herbst 1856 begann er seine
praktische Ausbildung als Auskultator, wie bis 1869 in Preußen
ein Referendar bezeichnet wurde, beim Berliner Stadtgericht, die
er nach mehrfachen Unterbrechungen wegen Krankheit im
Februar 1859 mit der zweiten Staatsprüfung beendete. Vom
Militärdienst blieb er auf Grund des Ergebnisses ärztlicher
Untersuchung (Frühjahr 1858), wobei er nur für die Landwehr
zweiten Aufgebots tauglich befunden wurde, befreit, ein Umstand, der ihn auch in späteren Jahren sehr genierte. „Des Königs
Rock" hat er nie getragen, im Kriege 1870/71 jedoch die
Felduniform der Diplomaten.

In die Zeit des juristischen Vorbereitungsdienstes fallen der
Tod der Mutter, Juli 1858, und der Beginn der lebenslangen
Freundschaft mit *Graf Paul von Hatzfeldt-Wildenburg,* dem
jüngsten Sohn der durch ihr wechselvolles Leben und ihre
Freundschaft mit *Ferdinand Lassalle* bekannten *Gräfin Sophie
Hatzfeldt.* Holsteins Beziehungen zu dem späteren General-
stabschef *Graf Alfred von Schlieffen* und zu *Graf Hugo
Radolinski* (seit 1888 *Fürst Radolin*) reichen, entgegen anders-
lautenden Mitteilungen, nicht so weit zurück.

Eine Stellung in der Justiz oder der Verwaltung strebte der
junge Assessor nicht an. Da ihm die Offizierslaufbahn verschlos-
sen war, interessierte er sich schließlich für den diplomatischen
Dienst. Dabei kam ihm zweierlei zustatten. Schon während der
Wanderjahre mit den Eltern hatte er überdurchschnittliche
Sprachkenntnisse erworben. Die sichere Beherrschung des
Französischen, des Italienischen, auch des Englischen, die ihn
später auszeichnete, hatte damals ihr Fundament erhalten. Noch
wichtiger aber war die bis in die frühe Jugend zurückreichende

16

Bekanntschaft mit *Otto von Bismarck,* dem damaligen preußischen Gesandten in Petersburg. Bismarck hat den jungen Holstein wohl von gelegentlichen Besuchen, die er von seinem pommerschen Besitz Kniephof (dem „Kneiphof") in dem nicht allzu weit entfernten Trebenow machte, sowie von späteren Begegnungen an anderen Orten gekannt. Holstein selbst hat später berichtet, nach einer Zeit längerer Krankheit habe sein Vater ihn 1860 gefragt, ob er Diplomat werden wolle, was er bejaht habe für den Fall, daß er als Attaché zu Bismarck kommen könne. Von diesem Wunsch hat Bismarck im Laufe des Frühjahrs 1860 gehört, als er längere Zeit in Berlin war.

Für Holstein ergab sich jedoch, im Gegensatz zu *Paul Hatzfeldt,* trotz Bismarcks Fürsprache keine Möglichkeit, außer der Reihe in die diplomatische Laufbahn aufgenommen zu werden, und Gesuche an den Außenminister *von Schleinitz* (später Graf und lange Zeit Minister des königlichen Hauses), keinen Freund Bismarcks, fanden wenig Wohlwollen. Schleinitz versagte auch einem Gesuch Holsteins an den damaligen Prinzregenten *Wilhelm* seine Unterstützung. Eine positive Entscheidung wurde schließlich im November 1860 doch durch Bismarck herbeigeführt.

※

Holstein erfuhr seine Aufnahme in den diplomatischen Dienst auf einer Reise in Italien, während der er sich, mit Erfolg, um Kontakte zu einflußreichen Persönlichkeiten bemühte. In Turin, damals noch Hauptstadt des eben geeinten Landes, wurde er durch Vermittlung des preußischen Gesandten[4], *Graf Brassier de Saint Simon,* vom Ministerpräsidenten *Cavour* empfangen.[5]

Mit der Rückreise und der Aufnahme des Dienstes übereilte er sich nicht. Er verbrachte das Weihnachtsfest bei seinen Verwandten in Karlstein und fuhr Anfang Januar mit seinem Vater nach Berlin, um sich zum Dienstantritt zu melden. Wenige Tage später reiste er nach Petersburg ab, wo, wie er fand,

Bismarck ihn kühl empfing. „Ein Mann, der keinen dicht aufkommen läßt", beschreibt er den ersten Eindruck in seinen „Erinnerungen", dem ersten Band der „Geheimen Papiere".

Sein Mentor in der Gesandtschaft wurde der zweite Sekretär, der später durch seine „Petersburger Briefe" und andere Publikationen berühmte *Kurd von Schlözer,* bald sein lebenslanger Gegner. Auf *Johanna von Bismarck* wirkte Holstein angeblich „jünger als Bill" (=ihr zweiter Sohn *Wilhelm,* 1852–1901). Wie familiär er bald im Hause Bismarck wurde, zeigt die durch einen späteren Kollegen, den Badenser *Arthur von Brauer,* berichtete Geschichte, daß Holstein, nachdem er den Gesandten und seine Frau bei einer Ausfahrt hatte warten lassen, leichthin sagte: „Man ist nie willkommener, als wenn man erwartet wird." Im dritten Band der „Geheimen Papiere", sind einige Briefe seines Vaters abgedruckt, die erkennen lassen, wie sehr diesem Wohlergehen und Fortkommen seines Sohnes am Herzen lagen, die aber auch ein bezeichnendes Licht auf einige von dessen später viel beredeten Eigenheiten werfen. So empfiehlt der „Papa", abends möglichst viel auszugehen, namentlich in größere Gesellschaft, Russisch[6] zu lernen und manches mehr.

Es sei gleich hier gesagt, daß Holstein nie der verschrobene Einsiedler gewesen ist, als der er jahrzehntelang durch die politisch-historische Literatur geisterte. Der Abneigung, an großen Diners, Abendgesellschaften (Soirées), Bällen und ähnlichem teilzunehmen, steht die intensive Pflege von Gesprächen zu zweit oder in kleinem Kreise gegenüber. Besonders zustatten kam ihm dabei, daß er eine ausgeprägte Begabung zu geselliger Unterhaltung besaß und ein fesselnder Erzähler war, ein Umstand, der ihm manche wichtige Bekanntschaft eintrug, wie z. B. die des Fürsten *Chlodwig Hohenlohe.* Es ist auch belegt, daß Holstein zu den wenigen gehörte, die Bismarck nie langweilten. In seinen mittleren Jahren waren die Frühstücke berühmt, die er von Zeit zu Zeit ausgewählten Gästen gab, meist in- und ausländischen Diplomaten.

Nach etwa anderthalbjährigem Aufenthalt in Petersburg kehrte Holstein – sein Chef war einen Monat vorher nach Paris versetzt worden – in die Heimat zurück, um sich auf das Diplomatenexamen vorzubereiten. Darüber hatte *Bismarck* im Februar den neuen Außenminister *Graf Albrecht Bernstorff* unterrichtet und Holstein ein sehr gutes Zeugnis ausgestellt. In der zweiten Hälfte des Jahres erkrankte der angehende Diplomat jedoch, so daß er um Verlegung der Termine zur Abgabe seiner französisch abzufassenden schriftlichen Arbeiten bitten mußte. Am 17. April 1863 konnte er sie endlich vorlegen. Die Themen waren teils historisch, teils aktuell: schwedisch-russische Beziehungen 1721–1815, Aufhebung der Leibeigenschaft in Rußland (soeben – 1860 – durch den Zar-Befreier Alexander II. verfügt), Handel und Schiffahrt in der Ostsee. Einige Tage vor Abgabe der Arbeiten traf ihn ein schwerer Schlag. Sein Vater kam beim Brand eines Schafstalles in Karlstein um, als er die Tiere zu retten versuchte. Trotz dieser schweren Belastung bestand Holstein Anfang Mai die mündliche Prüfung mit dem Prädikat gut. *Bismarck,* seit September 1862 leitender Minister, teilte ihm Anfang Juni das Ergebnis mit und unterrichtete ihn, daß er der Gesandtschaft in Rio de Janeiro attachiert werde.

Die Überfahrt von Bordeaux nach Rio, die am 25. Juni begann, dauerte vier Wochen. Einer der Reisegefährten war der Belgier *Baron Oscar de Mesnil,* von dem noch die Rede sein wird. Bald nach seiner Ankunft erhielt Holstein zu seinem nicht geringen Stolz einen Brief *Bismarcks* – sein Kommentar: „daß ein Ministerpäsident an einen Legationssekretär schreibt, ist selten" –, in welchem die Möglichkeit einer anderen Verwendung angedeutet wurde. Durch diese Aussicht ermutigt, ließ er sich vom Missionschef Urlaub bewilligen, um eine ausgedehnte Reise ins Innere des Landes zu unternehmen, die er in Briefen an seine Verwandten eingehend und anschaulich schilderte. Bereits im Dezember trat er die Rückreise nach Europa an.

Seine neue Aufgabe war recht delikat. Bismarck teilte ihn als Gehilfen dem Gesandten *Emil von Wagner* zu, der als Vertreter des Ministerpräsidenten das preußische Hauptquartier im in-

Friedrich von Holstein (lks.) 1865 an den Niagara-Fällen.

zwischen ausgebrochenen deutsch-dänischen Kriege begleitete, für Holstein eine willkommene Gelegenheit, seinen Erlebnisdrang, lies: seine Abenteuerlust, zu befriedigen. Seine vertraulichen Berichte nach Berlin bewirkten, daß der den Diplomaten, unerwünschten Aufpassern, wenig gewogene Oberbefehlshaber, der als Berliner Original berühmte alte Feldmarschall *Graf Wrangel* – einige Wochen später durch König *Wilhelms* Neffen *Prinz Friedrich Karl* ersetzt – zur Änderung seiner Haltung genötigt wurde. – Bei der Erstürmung der Düppeler Schanzen am 18. April 1864 hat Holstein, auch nach dem Zeugnis des ihm wenig gewogenen Botschafters *General von Schweinitz*, sich durch sehr mutigen Einsatz bei der Bergung und Pflege von Verwundeten ausgezeichnet. Dafür erhielt er nach dem Feldzug den Rang eines Johanniterritters.

Noch vor dem Ende des Krieges, bald nach Beginn der Londoner Konferenz (25. April), wurde Holstein der eben erst zur Botschaft erhobenen preußischen Vertretung in London zugeteilt, wo er über ein Jahr blieb. Dieser längere Aufenthalt in England hat ihm wenig Tätigkeit abverlangt, aber vieles an diplomatischer Erfahrung und Erweiterung seiner Kenntnis der Sprache und des Landes gebracht. Animiert durch den Botschafter *Graf Albrecht Bernstorff,* den früheren Minister, und namentlich durch dessen Frau, stürzte er sich sogar, ganz gegen seine Neigung, in das gesellschaftliche Leben, immer bemüht, interessante Bekanntschaften zu machen. Er bedauerte, den als Romanautor berühmten Kollegen *Edward Bulwer (Lord Lytton)* verfehlt zu haben, hatte aber die Genugtuung, mit einem anderen berühmten Schriftsteller, dem späteren Premierminister *Disraeli,* eine Stunde plaudern zu können. Im ganzen fühlte er sich jedoch in England wenig glücklich, wie Briefe an seine Kusine *Ida von Holtzendorff* zeigen.

Im Jahre 1865 nahm Holstein einen viermonatigen Urlaub, um nach Nordamerika zu reisen. Daraus wurde ein Aufenthalt von rund zwei Jahren. Er fuhr zunächst einige Wochen in den Oststaaten umher, unternahm vier Ballonfahrten, besuchte die Niagarafälle und schließlich mit *Baron Henry van Havre,* einem

Attaché der belgischen Gesandtschaft, Chicago. Von dort brach er mit Havre und einigen anderen Gefährten zu einer zweimonatigen Expedition in den Wilden Westen auf, die er im November in zwei Briefen an *Ida* beschrieb. In den Prärien reizte ihn vor allem die Jagd. (In Rußland hatte er an Eber- und Bärenjagden teilgenommen, und in Brasilien wollte er unbedingt einen „Tiger" [= Jaguar] schießen. Erst in seinen mittleren Jahren gab er die Jagd allmählich auf).

Um genauere Kenntnis amerikanischer Verhältnisse zu erwerben, erbat er vor Ende des Jahres vom Auswärtigen Amt die Genehmigung zur Verlängerung seines Aufenthalts. Diese wurde ihm im Januar 1866 gewährt mit der Auflage, sich der preußischen Gesandtschaft in Washington zu zeitweiliger Dienstleistung zur Verfügung zu halten. Dazu kam es kaum. Holstein reiste weiter im Lande umher und unternahm im Herbst eine zweite ausgedehnte Expedition in die Prärien des Westens, diesmal in Gesellschaft zweier Engländer und eines Franzosen. Auch diese Reise hat er 1867 in Briefen an *Ida*, seit Oktober vermählt mit *Alfred von Stülpnagel-Dargitz*, beschrieben.

Erst nach seiner Rückkehr in den Osten der Staaten kam es zu den ihm aufgegebenen zeitweiligen Dienstleistungen. Wichtiger war in dieser Zeit für ihn die Teilnahme am gesellschaftlichen Leben New Yorks und Washingtons, wo, damals noch mehr als zu späterer Zeit, einem Europäer von Adel alle Türen offenstanden. In diese Zeit fällt auch seine Verbindung zu *Alice Sumner* verwitwete *Mason Hooper*, der jungen Frau eines einflußreichen Mannes, *Charles Sumner*, des Vorsitzenden des Auswärtigen Ausschusses des amerikanischen Senats. Die Beziehungen Holsteins zu dieser Dame sind in den fünfziger Jahren als eine Art von Skandal dargestellt worden. Es ist jedoch nicht zu belegen, daß diese Verbindung Anlaß seiner Rückberufung im April 1867 war oder überhaupt darauf Einfluß hatte. Auch die spätere Scheidung des Ehepaares Sumner scheint damit nicht in Zusammenhang zu stehen. Holstein hat Alice Sumner nie wiedergesehen. Ganz abwegig sind Vermutungen, er habe sich wegen dieser

„Liebschaft" in Schulden gestürzt – er war damals noch im Besitz seines ererbten Vermögens –, und auch von einer Ungnade *Bismarcks* ist nichts zu bemerken. Die ehrenvollen Verwendungen, die Holstein unmittelbar nach seiner Rückkehr fand, sprechen ganz entschieden dagegen.

Es ist aber bemerkenswert, daß Holstein großes Interesse an den amerikanischen Verhältnissen zeigte, die er interessanter fand als die englischen. Er plante eine dritte Reise in den Westen, um im Felsengebirge Grizzlybären zu jagen, und spielte gelegentlich mit dem Gedanken, ganz im Lande zu bleiben. Sogar eine parlamentarische Laufbahn schien ihm denkbar. In merkwürdigem Gegensatz dazu steht seine Meinung, daß die Republik eine für etablierte größere Mächte ungeeignete Staatsform sei, vielmehr nur für kleinere Staaten und allenfalls für ein großenteils noch „wildes" Land wie die Vereinigten Staaten passe.

Ende Juni 1867 traf Holstein in Hamburg ein. Er machte zunächst einen kurzen Besuch in Karlstein. Das Verhältnis zu *Ida*, die im folgenden Monat von einer Tochter entbunden wurde, blieb ungetrübt. Auch seine Beziehungen zu *Alfred von Stülpnagel* waren freundschaftlich.

Am 9. Juli mußte er den Dienst als Legationssekretär bei der preußischen Gesandtschaft in Stuttgart antreten. Dort hatte er den Grafen *Karl von Dönhoff* zu vertreten, der sich damals mit einer Dame verband, die uns noch häufiger begegnen wird: *Maria Beccadelli di Bologna*, Tochter des verstorbenen *Fürsten Domenico di Camporeale*. Die Mutter, *Donna Laura geb. Acton*, Kusine des bekannten katholischen Historikers und liberalen Politikers *Lord Dalberg-Acton*,[7] war in zweiter Ehe mit einem führenden Politiker vermählt: *Marco Minghetti*, einem Vertrauten *Cavours*, Ministerpräsident 1863/64 und 1873–1876.

Im September wurde Holstein für einige Wochen erstmals in die „Institution" berufen, in der er sich später „unsterblich" machte: die Politische Abteilung des Auswärtigen Amtes, anschließend mit einer kurzen Mission nach Florenz betraut, zwischen 1861 und 1870 italienische Hauptstadt, und schließlich im November für vier Monate an die Gesandtschaft des Norddeutschen Bundes in Kopenhagen geschickt, die er sogar während einiger Wochen vertretungsweise leitete.

Diesmal hielt er sich dem gesellschaftlichen Leben fern, namentlich Bällen, da er das Tanzen ganz aufgegeben hatte. Von Persönlichkeiten, die ihm begegneten, sei der Märchendichter *Hans Christian Andersen* genannt, den er, übereinstimmend mit anderen Zeitgenossen, ungewöhnlich eitel fand. Im ganzen langweilte er sich in Kopenhagen. Es war ihm daher willkommen, als ihn *Oscar de Mesnil* zu einer Reise nach Ägypten einlud, für die er aber nicht genügend Urlaub zu erhalten befürchtete. Aus der Reise wurde tatsächlich nichts, doch zog ihn Mesnil in ein Unternehmen, das ihn über zwei Jahre voll in Anspruch nahm und ihn der Diplomatie ganz zu entziehen drohte.

Es handelte sich um die Tauerei-Schleppschiffahrt auf Flüssen und Kanälen, in der *Mesnil* schon seit Jahren engagiert war. Holstein ist von ihm anscheinend schon auf der Reise nach Brasilien an dem Unternehmen interessiert worden, und sowohl Mesnil als auch *Henry van Havre* haben sich in den Vereinigten Staaten weiter um seine Mitarbeit bemüht. Holstein wurde an einer neuen Gesellschaft für Schleppschiffahrt auf europäischen Flüssen und Kanälen beteiligt, besonders dem Rhein. Er sollte die erforderlichen behördlichen Konzessionen erwirken.

Statt der drei, vier und mehr Lastkähne ziehenden Dampfschlepper, die bis nach dem Zweiten Weltkrieg die Wasserwege belebten, sollten bei der Tauerei-Schleppschiffahrt die Lastkähne mit Hilfe eines auf dem Boden der Gewässer liegenden Drahtseiles und über eine auf dem Schiff befestigte Welle fortbewegt werden. Verbindungen zu englischen Firmen wurden aufgenommen, die Schiffe und technisches Gerät liefern sollten. Technischer Berater des Unternehmens war der als Schriftsteller berühmt gewordene Ingenieur *Max Eyth*.

Es zeigte sich bald, daß sowohl *Mesnil* wie *Havre* zur Ausführung des Vorhabens wenig geeignet waren. Nach dem Zeugnis *Eyths* war von den drei adligen „Laien" Holstein derjenige, der noch das meiste Verständnis für die Erfordernisse eines Wirtschaftsunternehmens besaß. Holstein wurde zunächst vom Auswärtigen Amt für ein Jahr beurlaubt, im März 1869 für ein weiteres Jahr, und im Februar 1870 bewilligte man ihm eine nochmalige Verlängerung. Die Gesellschaft bemühte sich um Konzessionen auf der Elbe, auch auf der Donau. Doch Versuche, die auf dem Rhein Vertretern vor allem der preußischen Behörden vorgeführt wurden, überzeugten nicht völlig, und bevor eine verbesserte Konstruktion entwickelt werden konnte, machte der Ausbruch des deutsch-französischen Krieges Holsteins wirtschaftlicher Aktivität ein Ende. Er blieb noch einige Zeit in Verbindung mit der Central AG für Tauerei in Köln, die bis nach der Jahrhundertwende bestand, ohne größere Erfolge zu erzielen.

Es ist gewiß, daß Holstein bei diesem glücklosen Unternehmen einen großen Teil seines Vermögens verloren hat. Der Rest hat die „Gründerzeit" nicht überdauert. Holstein mußte vom Beginn der siebziger Jahre an von seinen Dienstbezügen leben, die er ständig fast restlos verbrauchte. Über nennenswerte Nebeneinnahmen hat er nicht verfügt und auch weder Bargeld noch sonstige namhafte Vermögenswerte hinterlassen. Der einzige wirklich wertvolle Besitz, den seine Erbin von ihm übernahm, waren die „Geheimen Papiere". Die berühmten Börsenspekulationen, die ihm nachgesagt wurden, können, soweit sie tatsächlich stattfanden, nur bescheidenen Umfang und nur magere Resultate gehabt haben. Der gelegentlichen Erklärung Holsteins, so in einem Brief an seinen Freund *Radolin* aus dem Jahre 1889, von diesen Dingen nichts zu verstehen, scheint die Tatsache entgegenzustehen, daß er anderen guten Bekannten Ratschläge erteilte. Diese aber waren nach dem Urteil von Börsenleuten eher geeignet, Verluste zu verursachen. Belegt ist bisher nur, daß Holstein in den achtziger Jahren *Ida von Stülpnagel* ein geliehenes Kapital von 18 000 Mark zurückgezahlt hat.

Graf Wilhelm Bismarck 1899.

2. Gehilfe Bismarcks

Als Mitte 1870 angesichts der Verschlechterung der Beziehungen zwischen dem Norddeutschen Bund und Frankreich sich eine baldige kriegerische Verwicklung abzuzeichnen schien, kehrte Holstein in den diplomatischen Dienst zurück. Einige Tage vor Ausbruch des Krieges, am 16. Juli, dinierte er in Berlin mit *Bismarck*, und am folgenden Tage erhielt er die Anweisung, bei der Brüsseler Gesandtschaft eine Vertretung zu übernehmen. Die Kriegserklärung (am 19.) verhinderte jedoch seine Abreise, und er erhielt einen anderen Auftrag.

Infolge der jahrzehntelangen Unterstützung, welche die italienische Einheitsbewegung, das Risorgimento, durch Frankreich erhalten hatte, war mit der Möglichkeit eines aktiven Eingreifens Italiens auf Seiten Frankreichs zu rechnen. König *Viktor Emanuel II.* und seine Regierung schienen zu solchem Vorgehen entschlossen. Frankreich war im übrigen kein uneigennütziger Helfer gewesen, sondern hatte sich – 1860 – seine Dienste durch die Abtretung von Savoyen und Nizza bezahlen lassen, wodurch es seine heute noch bestehenden (1919 wiederhergestellten) Grenzen erhielt. Dem geeinigten Königreich enthielt es außerdem das ersehnte Endziel Rom vor, wo es durch eine Garnison die päpstliche Herrschaft stützte. Statt den Gesandten *Brassier de Saint Simon* und dessen Gehilfen *Graf Wesdehlen* mit der Klärung der Verhältnisse zu betrauen, sandte *Bismarck* in besonderer Mission nun Holstein nach Italien. Dieser erfuhr davon zuerst durch *Robert von Keudell*, einen vertrauten Freund des Hauses Bismarck, damals Leiter der Personalabteilung des Auswärtigen Amts.

Holstein nahm in Florenz Verbindung auf mit General *Fabrizi,* einem Anhänger *Giuseppe Garibaldis,* und mit *Francesco Crispi,* dem späteren langjährigen Ministerpräsidenten. Er hat aber weder Garibaldi noch den führenden Republikaner *Giuseppe Mazzini* gesehen. Ende Juli berichtete er nach Berlin, seine Verhandlungspartner und deren Freunde planten eine Revolution, falls König und Regierung offen an die Seite Frankreichs träten.

Am 3. August reiste er nach Deutschland zurück, fand den Bundeskanzler aber nicht mehr in Berlin, da dieser inzwischen zur Westgrenze abgefahren war. Holstein und der getrennt von ihm reisende italienische Emissär *Francesco Cucchi* trafen *Bismarck* in Mainz. Ihre Sache verlor infolge der raschen deutschen Siege jede Bedeutung. In Italien fanden sich König, Regierung und Opposition im Entschluß zusammen, die Gelegenheit zur Besetzung Roms zu nutzen, was sie nach dem Sturz des napoleonischen Kaisertums auch ohne Schwierigkeit am 20. September ausführen konnten.

Vom Kriegsschauplatz bekam Holstein damals nur das Schlachtfeld von Spichern zu sehen, und schon am 11. August traf er wieder in Berlin ein, wo er vom 13. an bis zum Jahresende in der Politischen Abteilung Dienst tat. Dabei erhielt er Gelegenheit, in den publizistischen Kampf einzugreifen, der die öffentliche Meinung in England erregte. Er schrieb mehrere Briefe an die „Times", in denen er die mehrhundertjährige Ausdehnungspolitik Frankreichs und dessen Streben nach der Rheingrenze historisch belegte. Abschriften sandte Staatssekretär *von Thile* an *Bismarck.*

Da ihn seine Verwendung nicht befriedigte, begab sich Holstein schließlich auf eigene Faust in das Feldquartier *Bismarcks* nach Versailles, wo er am 5. Januar 1871 erschien, zum Erstaunen seines Freundes *Graf Paul von Hatzfeldt,* der nach

28

langjährigen Tätigkeiten in Paris – dort 1862 unter Bismarck – und den Haag seit 1868 der Politischen Abteilung und während des Feldzugs dem Stabe des Kanzlers angehörte. Gegen seine eigene Erwartung wurde Holstein vom Kanzler freundlich empfangen und mit Zustimmung des Königs unter „seine Leute", wie der Journalist *Moritz Busch* es nannte, aufgenommen. Sicher fühlte sich Holstein dabei aber vorerst nicht, und nach einigen Tagen schrieb er nach Karlstein, die Gunst der Tyrannen (!) sei wankelmütig.

Der weitere rasche Gang der Ereignisse machte die Frage seiner Rücksendung nach Berlin gegenstandslos. Er erhielt im Gegenteil Gelegenheit zu sehr angestrengter Mitwirkung, indem er *Hatzfeldt* assistierte. Dieser schrieb an seine Frau, daß er seine gewaltige Arbeitslast ohne die Hilfe Holsteins nicht hätte bewältigen können. In der Nacht zum 28. Januar übersetzte Holstein die Dokumente der Kapitulation von Paris. Er und Hatzfeldt waren nämlich die einzigen in Bismarcks Stab, die das Französische vollkommen beherrschten. Die Zusammenarbeit mit Hatzfeldt dauerte bis zur Unterzeichnung des Präliminarfriedens am 2. März an. Den Gänsekiel, mit welchem *Bismarck* unterschrieb, erhielt Holstein, der ihn später seiner Kusine *Ida* schenkte.

Nach kurzer Anwesenheit in Berlin wurde Holstein am 13. März zum Stabe des Befehlshabers der deutschen Besatzungstruppen in Frankreich beordert, dem in dieser Eigenschaft im Range eines Botschafters stehenden sächsischen General *Alfred von Fabrice*. Er traf ihn, seinen Verwandten – Vetter zweiten Grades –, am 19. in Rouen. Der Gang der Dinge führte ihn aber bald wieder in die Nähe der französischen Hauptstadt. *Thiers,* der leitende Mann der französischen Nationalversammlung und der vorläufigen Regierung, schloß im April mit Hilfe der großenteils aus entlassenen Kriegsgefangenen gebildeten „Armee von Versailles" das von der Kommune beherrschte Paris ein, und Mitte des Monats erhielt Fabrice von *Bismarck* die Weisung, sein Hauptquartier nach Saint Denis zu verlegen.

Oben: *Otto von Bismarck*, sitzend, im Hauptquartier von Versailles, rechts hinter ihm stehend Friedrich von Holstein. Rechts: Holstein als Sekretär an der deutschen Botschaft in Paris.

Durch deutsche Agenten stand Holstein mit der Kommune in Verbindung, und am 26. April verhandelte er mit einem von deren Führern, dem General *Cluseret,* der die Neutralität der Deutschen, gleichzeitig aber Lieferung von Waffen verlangte. Im Auftrag *Bismarcks* forderte Holstein die Freilassung des Erzbischofs *Darboy,* den die Aufständischen mit anderen Persönlichkeiten als Geisel genommen hatten. Diese Bemühung blieb vergeblich. Der Erzbischof und andere Gefangene wurden vor dem Einrücken der Regierungstruppen ermordet. Cluseret, der einige Tage nach dem Gespräch als Verräter zeitweilig festgenommen wurde, und Holstein haben günstig übereinander geurteilt. Cluseret nannte Holstein den Diplomaten, der ihn in seinem ganzen Leben am meisten beeindruckt habe. Und dieser glaubte, die Grausamkeiten der „Armee von Versailles" bei der Eroberung der Hauptstadt in der „blutigen Woche" Ende Mai würden die Herstellung der Monarchie fördern, worin er sich, gleich vielen anderen Zeitgenossen, gründlich irrte.

Nach Abschluß des Frankfurter Friedens am 10. Mai war Holstein der erste Diplomat, der zur neugebildeten provisorischen Vertretung des Deutschen Reiches in Paris versetzt wurde, zu deren Chef *Bismarck* den damaligen Oberstleutnant *Graf Alfred von Waldersee* machte, den früheren Militärattaché in Paris und späteren Nachfolger *Moltkes* als Chef des Großen Generalstabes. Waldersee und Holstein, die damals zweieinhalb Monate zusammenarbeiteten, haben lebenslang in enger Verbindung gestanden, die, wenigstens in späteren Jahren, ein Freund-Feind-Verhältnis werden sollte, wovon sowohl die „Geheimen Papiere" als auch Waldersees „Denkwürdigkeiten" und „Briefwechsel" vielfach Zeugnis ablegen.

Wegen der Feindseligkeit der Pariser war *Waldersee* genötigt, seinen gesamten Stab in der diplomatischen Mission unterzubringen und dort auch die meisten Mahlzeiten einnehmen zu lassen. Holstein ging abends gelegentlich ins Theater und verkehrte flüchtig in einigen amerikanischen Familien, darunter bei Mrs. *Moulton, Hatzfeldts* Schwiegermutter. Ende August wurde Waldersee durch einen Berufsdiplomaten ersetzt, den

Grafen Harry von Arnim-Suckow, früheren preußischen Gesandten beim Heiligen Stuhl. In diesem ehrgeizigen und nach allgemeiner Meinung recht befähigten Diplomaten wurde von vielen damals ein Rivale und künftiger Nachfolger *Bismarcks* gesehen. *Paul Bronsart von Schellendorf,* als Chef der Operationsabteilung erster Führungsgehilfe *Moltkes,* bestätigt diese Ansicht in seinem erst 1954 veröffentlichten „Geheimen Kriegstagebuch", nennt Arnim aber einen „ganz gewöhnlichen Kerl, der nur gut Englisch und Französisch spricht".

Es sei gleich hier gesagt, daß Holstein in der sich entwickelnden „Arnim-Affäre", in die er ohne sein Zutun hineingeriet, eine nicht unerhebliche, doch keineswegs entscheidende Rolle spielte. Entgegen zählebigem Gesellschaftsklatsch hat er sich dabei weder kompromittiert noch sich in persönliche Abhängigkeit vom Hause Bismarck gebracht. Seine Befürchtungen, *Arnim* werde Bestrebungen seiner Frau unterstützen, einen Verwandten an seine (Holsteins) Stelle zu bringen, erwiesen sich als unbegründet. Arnim seinerseits fand Holstein recht eifrig und für bloß untergeordnete Arbeiten bereits zu alt. Im Dezember wurde die Mission in eine Botschaft umgewandelt und Holstein zum zweiten Sekretär berufen, womit er recht zufrieden war. Erster Sekretär wurde der oben erwähnte *Graf Wesdehlen.*

Es zeigte sich sehr bald ein scharfer Gegensatz zwischen *Bismarck* und *Arnim* hinsichtlich der gegen Frankreich einzuschlagenden Politik. Bismarck förderte damals wie später die Republik, weil er glaubte, dies mindere die Bündnisfähigkeit Frankreichs. Arnim hingegen meinte, dadurch würden republikanische Bestrebungen in anderen Ländern ermutigt. Im übrigen werde in einer schwachen Republik die Gefahr neuer Unruhen wie zur Zeit der Kommune und die Möglichkeit einer Militärdiktatur heraufbeschworen. Da Arnim als Mitglied einer mächtigen und weit verzweigten Familie – der übrigens Bismarck durch seine Schwester *Malwine* genannt *Malle von Arnim-Kröchlendorf* verschwägert war –[8] über gute Beziehungen zum Hof verfügte und namentlich die Gunst der *Kaiserin Augusta* genoß, war er für den Kanzler ein gefährlicher Rivale, zumal auch Kaiser

Wilhelm I. für eine monarchische Restauration in Frankreich gewisse Sympathien besaß. Bismarck hielt es für notwendig, *Thiers* zu stützen, da eine andere Regierung die Erfüllung des Frankfurter Friedens in Frage stelle. Im übrigen hatte er seine eigene Position durch Konzessionen an die Liberalen und durch den beginnenden Kulturkampf geschwächt. Die Auffassungen Bismarcks teilte Holstein uneingeschränkt, und er bekannte sich offen dazu. Dem Konflikt der beiden Vorgesetzten hätte er nur ausweichen können, indem er seine Versetzung betrieb. Er war aber entschlossen, sich an seinem Platz zu behaupten.

Als *Bismarck* im Frühjahr 1872 erkrankte und von Rücktritt sprach (damals nannte man das „Abschied"), schrieb Holstein an *Arnim,* daß er in ihm den geeigneten Nachfolger sehe, wenn Bismarck tatsächlich ginge. Das wurde ihm später als Täuschungsmanöver ausgelegt. Verstärkt wurde dieser Eindruck dadurch, daß Bismarck, da *Wesdehlen* ziemlich unbedeutend war, oft Weisungen direkt an Holstein gab. Im Herbst 1872 war dieser in Berlin und Varzin, wo er *Lothar Bucher,* den späteren Redaktor der „Gedanken und Erinnerungen", als Bismarcks Sekretär vertrat. Damals äußerte Bismarck Verdacht gegen Arnim, der Kaiser und Kaiserin in Ems gesprochen hatte. Angesichts dieser Tatsache scheint es abwegig zu glauben, Holstein habe bei Bismarck die Rolle eines Einbläsers gespielt.

Nach seiner Rückkehr im November erklärte Holstein in Paris seinem Chef, er teile die Auffassungen des Kanzlers. Später antwortete er *Arnim* auf entsprechende Fragen, er äußere sich auch in Briefen an Freunde im Ministerium, wenn er anderer Meinung sei als sein Botschafter. Wenn Arnim dies wolle, werde er seine Versetzung beantragen.

Der Botschafter erschwerte seine Position selbst durch Indiskretionen. Er wurde Anfang 1873 durch *Bismarck* über Verhandlungen instruiert, die er mit *Thiers* über die Zahlung der Kriegsentschädigung zu führen habe, die Frankreich bereits zum großen Teil beglichen hatte und noch im Laufe des Jahres völlig tilgte. Diese Verhandlungen zog Bismarck im März nach Berlin.

Bemühungen, *Arnim* nach London zu versetzen, scheiterten. Holstein hingegen erklärte im April, er wolle entweder in Paris bleiben oder ins Auswärtige Amt berufen werden. Bei einem Aufenthalt in Berlin im Sommer unterließ er einen Höflichkeitsbesuch bei dem dort anwesenden Arnim, um seine Position im nun allgemein bekannten Kampf zwischen diesem und *Bismarck* deutlich zu machen. Als Folge sprachen beide nach ihrer Rückkehr in Paris nicht mehr miteinander. Holstein weigerte sich jetzt, seine Versetzung zu beantragen, und überließ es Arnim, deswegen aktiv zu werden.

Im Februar 1874 hatte *Bismarck* den Kaiser dafür gewonnen, *Arnim* nach Konstantinopel zu versetzen, wo die Gesandtschaft eigens zu diesem Zweck zur Botschaft erhoben wurde. Der Botschafter blieb trotz der Versetzung bis Ende April in Paris und setzte seinen Kampf nun in der Presse fort, wobei er amtliche Papiere aus dem Botschaftsarchiv verwendete. Das brach ihm den Hals. Der Nachweis seiner Verwendung amtlicher Dokumente bewog den Kaiser, ihn aus dem diplomatischen Dienst zu entlassen.

Im Mai wurde der *Fürst Chlodwig zu Hohenlohe-Schillingsfürst,* bayerischer Ministerpräsident von 1866 bis 1870, deutscher Botschafter in Paris und Holstein bald sein vertrauter Gehilfe. *Rich* sagt mit Recht, daß daraus eine lebenslange Freundschaft entstand, erwähnt aber nicht, daß beide sich bereits seit dem Herbst 1870 kannten, als Holstein Hohenlohe, nach dessen „Denkwürdigkeiten", über seine Reisen in Amerika erzählt hatte.

Wenige Tage nach Eintreffen des neuen Chefs wurde das Fehlen eines Teiles der von *Arnim* verwendeten Dokumente durch Holstein entdeckt. Hohenlohe verlangte in Berlin Abschriften, was sofort den Verdacht *Bismarcks* erregte, der alsbald Anweisung gab, das Journal mit dem Aktenbestand zu vergleichen. Die daraufhin von der Botschaft erstellte Liste fehlender Papiere wurde vom Ministerium an Arnim gesandt, der zunächst erklärte, nur persönliche Dokumente entnommen zu haben. Im

Juli gab er gegenüber dem Staatssekretär *Bernhard Ernst von Bülow,* dem Vater des vierten Reichskanzlers, zu, einen großen Teil der seinen Konflikt mit Bismarck betreffenden Papiere behalten zu haben. Er weigerte sich, sie zurückzugeben. Als der Kaiser davon hörte, war er einverstanden, daß Arnim der Prozeß gemacht werde.

Während dieser Geschehnisse nahm Holstein Urlaub und reiste im September nach dem damals englischen, als beliebtem Seebad aber viel von Deutschen besuchten Helgoland. Er war dort in Gesellschaft eines einflußreichen Mannes, *Hermann von Lebbin* (gestorben 1884), Personalienrat (= Personaldezernent) im preußischen Ministerium des Innern, Ehemann seiner nachmaligen Freundin und Erbin, übrigens erklärter Gegner *Bismarcks.* Einer Einladung *Hohenlohes* zur Gamsjagd nach dessen Besitz Alt-Aussee konnte Holstein nicht Folge leisten, weil er die Nachricht vom Tod seiner Tante *Minna von Holtzendorff* erhalten hatte. Er erbat infolgedessen eine Verlängerung seines Urlaubs bis zum 1. November. Am 31. Oktober erreichte ihn die Aufforderung des Auswärtigen Amtes, bei den Vorermittlungen in der Sache *Arnim* auszusagen. Dies tat er und reiste dann in die französische Hauptstadt zurück.

Der Arnim-Prozeß vor dem Stadtgericht in Berlin begann am 9. Dezember. *Arnims* Verteidiger *Dockhorn* vermutete, Holstein habe die Initiative zur Suche nach den Papieren ergriffen; er äußerte sogar den Verdacht, dieser selbst und nicht Arnim habe sie gestohlen. Diese Anschuldigung war einfältig, denn Arnim hatte längst zugegeben, fehlende Dokumente zu besitzen. Immerhin wurde Holstein auf Wunsch des Gerichts sofort telegraphisch erneut nach Berlin beordert. Bevor er am 14. Dezember weitere Aussagen machte, zog Dockhorn seine Beschuldigungen zurück und hielt nur den Vorwurf aufrecht, Holstein habe hinter dem Rücken seines Chefs nach Berlin berichtet. Darauf erklärte Holstein, er habe nie Berichte geschickt, weder an den Kanzler noch an sonstwen. Er habe nur in Briefen an Freunde seine von Arnims Ansichten abweichenden Meinungen geäußert.

Weil die Zeitungen, in Deutschland wie in Frankreich, großenteils Partei für den zu drei Monaten Gefängnis verurteilten *Arnim* nahmen, startete die deutsche Regierung dagegen eine große Pressekampagne. *Hohenlohe* brachte einen Artikel zur Rechtfertigung Holsteins in den „Figaro" und wirkte auf den französischen Außenminister *Herzog von Decazes* ein. Das „Journal des Débats" nahm einige Äußerungen zurück. Zahlreiche in Paris akkreditierte Diplomaten gaben ihre Karten bei Holstein ab, und *Bismarck* erwirkte ihm eine Audienz beim Kaiser.

Damals waren die Angriffe gegen Holstein nur vordergründig auf ihn, in Wirklichkeit eher auf *Bismarck* gemünzt. Als Holstein später selbst ein mächtiger Mann war, wurde alles wieder aufgewärmt, und die Memoirenschreiber der zwanziger Jahre haben, teils in eigenem Interesse, teils durch unkritisches Weitergeben, dafür gesorgt, daß der Klatsch noch lange seine Wirkung tat, wozu Holstein durch seine Lebensweise selbst allerdings erheblich beigetragen hat. Die Meinung, er sei für auswärtige Posten nicht mehr verwendbar gewesen, ist jedoch absurd. Jemand, der großen Gesellschaften und Repräsentation abhold war, brachte sich selbst um die Eignung zum Gesandten oder gar Botschafter. Holstein hat im übrigen oft genug deutlich gemacht, daß es ihm nicht um den Schein von Einfluß und Macht ging, sondern um diese selbst.

Er lehnte es ab, nur der Abwechslung halber als Zweiter Sekretär in eine andere Hauptstadt zu gehen, etwa nach Petersburg oder Konstantinopel. *Bismarck* ließ er wissen, wenn sein Wunsch, auf dem Schlachtfeld, also in Paris, Erster Sekretär zu werden, nicht erfüllt werden könne, komme für ihn nur eine Position im Auswärtigen Amt in Frage. Da der Wunsch Holsteins bezüglich Paris unerfüllbar war, berief ihn Bismarck tatsächlich nach Berlin.

Dabei war Holsteins Verhältnis zu *Bismarck* nicht mehr so unkompliziert wie früher. Er brachte Wünsche an den Kanzler meist nicht mehr direkt vor, sondern bediente sich eines Mittlers, des ihm seit langem befreundeten *Herbert Bismarck*, als dessen Mentor er sich ansah. Die Ursache des veränderten Verhältnisses zum Kanzler war, daß Bismarcks Stellung Mitte der siebziger Jahre die eines „gewöhnlichen" leitenden Ministers bereits weit überragte. „Er ist in den Stand der Souveräne aufgestiegen, er ist der Souverän der öffentlichen Meinung", schrieb Holstein damals. Nicht zuletzt hat Bismarcks immer häufigere und immer längere Abwesenheit von Berlin zur Änderung seiner Beziehungen zu Holstein und zu anderen Untergebenen beigetragen.

Im Mai 1876 trat Holstein seinen Dienst in Berlin an, zunächst noch als „Hilfsarbeiter" in der Politischen Abteilung. Von *Bismarck* – in dessen Hause er weiter viel verkehrte, nach wie vor in Gunst bei *Johanna* und mit den Söhnen vertraut wie ein älterer Bruder – wurde er bald in größerem Kreise als absolut vertrauenswürdig und verläßlich bezeichnet. Häufig wurde er auch nach Varzin gerufen, dem damals noch bevorzugten Landsitz des Kanzlers. Er fand aber, daß Bismarck, der besonders in der ländlichen Einsamkeit Ruhe hätte finden sollen, von der Familie aufgeregt werde. Zur Tochter *Marie* (1848–1926) waren seine Beziehungen weniger freundlich. Ein angeblicher Wink Johannas, Holstein sei als Schwiegersohn willkommen – so hat der alte Geheimrat nach dem Spitzemberg-Tagebuch später selbst berichtet –, fand jedenfalls keine Gegenliebe.

Im Amt, dazu als zeitweiligem Privatsekretär *Bismarcks*, wuchs Holstein, der zunächst über unzureichende Beschäftigung geklagt hatte, bald eine beträchtliche Arbeitslast zu, was seine Abneigung gegen große Gesellschaften und die damit verbundenen Verpflichtungen weiter verstärkte. Noch gab er, wie in Paris, gelegentlich Frühstücke, die sich einiger Berühmtheit erfreuten, doch beschränkte er sich mit der Zeit mehr und mehr auf Zusammenkünfte in kleinstem Kreise oder mit einzelnen Gesprächspartnern, vorzugsweise bei Borchardt. Der spätere Botschafter *Joseph Maria von Radowitz*, Sohn des Freundes *Friedrich Wilhelms IV.*, schildert, wie der Ruhm dieses Restaurateurs mit dem Berliner Kongreß begann.

Oben: Der Berliner Kongreß 1878, ein Gemälde von *Anton von Werner*. Rechts: *Bismarck* begrüßt den russischen Delegierten *Graf Schuvalov*, links im Hintergrund Friedrich von Holstein.

Auch Holsteins äußere Erscheinung veränderte sich. Bis um die 40 war sein Habitus sehr elegant, stets nach letzter Mode. Danach sah er, wie *Arthur von Brauer* sagt, mehr wie ein Professor aus, *Prinz Alexander Hohenlohe*, dem Sohn des Statthalters und Reichskanzlers zufolge, sogar „wie ein Förster in Zivil". Im Amt war seine Stellung trotz seiner Verbindungen zu *Bismarck* nicht leicht. Er brauchte einige Zeit, um das Vertrauen des Staatssekretärs *Bernhard Ernst von Bülow* zu gewinnen, und zu vielen Kollegen blieb sein Verhältnis distanziert. Das „Arbeitsklima" war alles andere als gut. Noch gingen ihm auch Leute wie *Lothar Bucher* und der oft zur Vertretung ins Amt berufene damalige Gesandte in Athen, *Radowitz*, bei weitem vor. Der russisch-türkische Krieg 1877/78 und der Berliner Kongreß vom 13. Juni bis 13. Juli 1878 halfen, seine Karriere zu fördern. *Bülow*, Bismarcks Vertreter, wurde zum dritten Bevollmächtigten des Reiches ernannt. Der zweite war Holsteins Gönner Hohenlohe. Unter den Räten und Mitarbeitern des Amtes, die als Gehilfen teilnahmen, war Holstein, von *Herbert Bismarck* abgesehen, nach Rang und Dienstalter der letzte. Immerhin verhalf ihm seine Position dazu, auf einem der Gemälde *Antons von Werner*, die den Kongreß darstellen, mitverewigt zu werden. Radowitz, der als Sekretär fungierte und die Protokolle redigierte, sah in Holstein einen unerwünschten und sich vordrängenden Rivalen. Die Animosität beider geht auf die Zeit der Arnimkrise zurück, als Holstein sich von Radowitz ins Feuer geschickt glaubte.

Im Oktober 1878 war es so weit, daß *Bülow* Holsteins Ernennung zum Vortragenden Rat in der Politischen Abteilung empfahl, die von *Bismarck* unterstützt und alsbald unter gleichzeitiger Verleihung des Titels eines Wirklichen Legationsrates vom Kaiser vollzogen wurde. Die etatsmäßige Rangstufe, die Holstein damit in der Beamtenhierarchie erreichte, blieb bis zu seinem Ausscheiden 1906 die gleiche, nur Titel und Funktionen sollten sich noch ändern.

*

Der Berliner Kongreß hat zu einer schicksalhaften Wende in der Außenpolitik des Reiches geführt. *Bismarck,* mit dem russischen Kollegen *Gortšakov* entzweit und zweifelnd, ob ein dauerndes Einverständnis der drei Kaiserreiche möglich sei, schloß 1879 den Zweibund mit Österreich-Ungarn. Dem Abschluß des Vertrages ging die größte Krise voraus, die er zwischen der Reichsgründung und den Thronwechseln 1888 zu bestehen hatte.

Der alte Kaiser, von den Folgen der Attentate genesen, die kurz vor dem Kongreß auf ihn verübt worden waren, sperrte sich gegen das Bündnis mit dem ehemaligen Gegner. Bestärkt wurde er in dieser Haltung durch verwandtschaftliche Bindungen an das Zarenhaus – *Alexander II.* (1855–1881) war sein Neffe – und durch Gefühle der Loyalität gegenüber der Macht, die als Bundesgenosse seines Vaters 1807 die staatliche Existenz Preußens gerettet und 1813 zur Vertreibung Napoleons entscheidend beigetragen hatte. In einem dramatischen Ringen, in welchem der Kaiser mit Abdankung, der Kanzler mit einem Entlassungsgesuch drohten, blieb am Ende *Bismarck* Sieger, vielleicht der größte persönliche Triumph seiner Laufbahn. Der „Souverän der öffentlichen Meinung" hatte hinfort, außer gelegentlichen Einwendungen in Einzelfragen und in Personalien, vom „alten Kaiser" keinen nennenswerten Widerstand mehr zu erwarten und konnte die Nachfolge seines Sohnes *Herbert* und damit die Gründung einer „Dynastie Bismarck" vorbereiten.

Von wenig geringerer außenpolitischer, dagegen epochaler innenpolitischer Bedeutung wurden die gleichzeitige Wendung vom Freihandel zum Schutzzoll, die Beschleunigung des Wandels vom Agrar- zum Industriestaat, das sich abzeichnende Ende des Kulturkampfes und einschneidende soziale Änderungen durch zunehmende Binnenwanderung und die wachsende sozialistische Bewegung. Die „konservative Wende" in der Innenpolitik verdeutlichen Maßnahmen zur Bekämpfung einer möglichen sozialen oder politischen Revolution, einerseits durch Repression, vornehmlich mittels Ausnahmegesetzen gegen die Sozialdemokratie, andererseits durch Beschwichtigungsversuche mit Hilfe sozialer Gesetzgebung.

Gerade damals kam es zu einer Änderung in der Leitung des Auswärtigen Amts. Staatssekretär *Bülow* starb vor dem Abschluß des Zweibundvertrages. Die Regelung der Nachfolge stieß auf erhebliche Schwierigkeiten, da ein *Bismarck* genehmer Kandidat nicht leicht zu finden war, eine Situation, die Holstein zum ersten Mal in seiner Laufbahn Gelegenheit gab, als „Königsmacher" aufzutreten. Er war es, der in Gastein, wohin er Bismarck begleitete, eine wenigstens zeitweise Beauftragung *Hohenlohes* empfahl, der die Allianz mit Österreich unterstützte. Mit Mühe gelang es, ihn, der seinen Botschafterposten und das Pariser Leben liebte – die französische Regierung stellte ihn zeitweise unter diskreten Polizeischutz – und dem erhebliche finanzielle Nachteile zugemutet wurden, zur vorübergehenden Leitung des Amtes zu gewinnen. Dieses Provisorium zog sich bis weit in das Jahr 1880 hin. Währenddessen war Holstein eifrig tätig, als Staatssekretär seinen Freund *Paul Hatzfeldt* ins Gespräch zu bringen, damals Botschafter in Konstantinopel. Dieser machte dieselben Einwendungen wie Hohenlohe, zweifellos mit mehr Grund, da seine persönlichen Verhältnisse ungemein schwierig waren.

Es sollte nicht vergessen werden zu erwähnen, daß nicht nur Leute wie Holstein, sondern auch *Bülow, Hohenlohe* und *Hatzfeldt* in der Außenpolitik nicht selbständig agieren konnten, sondern nur Gehilfen *Bismarcks* waren, der allein das Netz der Beziehungen und Verträge, wie es sich nun gestaltete, in der Hand hielt. Alle kannten die Absichten des Kanzlers im großen und ganzen, aber jedem von ihnen blieben doch gewisse Umstände, Erwägungen und Gründe, die Bismarcks Handeln bestimmten, unbekannt. Das gilt auch für Holstein, der in den achtziger Jahren wegen der Intensität seiner Beziehungen zum Hause Bismarck eine einzigartige Stellung unter den deutschen Diplomaten hatte und glaubte, die Absichten des Kanzlers manchmal besser zu verstehen, als selbst der Sohn *Herbert*. Ohne die Kenntnis dieser Verhältnisse ist die „Geheimdiplomatie", die Holstein in der zweiten Hälfte des Jahrzehnts betrieb, nicht zu verstehen. Es handelt sich dabei um gewisse eigenwillige Interpretationen von Absichten und Aufträgen des Kanzlers, um

Nuancierungen in der Gestaltung des Verhältnisses zu Österreich, das damals schon Angelpunkt der deutschen Außenpolitik wurde.

Bismarcks Politik der teilweisen Lösung von Rußland, die Fundierung der außenpolitischen Stellung des Reiches auf den Zweibund, der zeitweise auch in der Gesetzgebung der beiden „deutschen" Großmächte institutionalisiert werden sollte und durch den Beitritt Italiens bald zum Dreibund erweitert wurde, hat herbe Kritik erfahren. Sie ist auch nicht unberechtigt. Entgegenhalten muß man jedoch, daß in der damaligen Lage ein Einvernehmen der monarchischen Zentralmächte Europas bei wahrscheinlicher britischer Neutralität genügte, Rußland und Frankreich zu widerstehen. Österreich zu schützen, mit Rußland dennoch in Verbindung zu bleiben und – dies die Hauptsache – Frankreich einzudämmen, das auch Bismarck für noch stärker hielt als es war, das ist der Sinn des komplizierten Systems, welches der Kanzler, der sich am Ende auch bemühte, wenigstens das Wohlwollen Englands zu gewinnen, bis zu seinem Sturz mit vollendeter Kunst aufrechterhielt. Daß danach dieses von Holstein bald als „Kneifpolitik" bezeichnete Bündnissystem mit dem Zweck möglichst langer Friedenssicherung nicht rechtzeitig ergänzt beziehungsweise durch ein tragfähiges anderes ersetzt wurde, steht auf einem anderen Blatt, auf dem Holstein allerdings einige Zeilen mitgeschrieben hat.

In die frühen achtziger Jahre reicht der Beginn von Holsteins ausgedehnter „Privatkorrespondenz" zurück, ein von *Bismarck* gebilligter Briefwechsel mit Diplomaten im In- und Ausland, der verdeutlichend und interpretierend die amtliche Korrespondenz ergänzen sollte. Ungewöhnlich war ein solcher Briefwechsel nicht, wohl aber der Umfang, den er im Falle Holstein erreichte. Er half wesentlich mit, Holstein noch unter Bismarck im Amte eine weit über seinen dienstlichen Rang hinausragende Schlüsselstellung zu verschaffen. Partner des Briefwechsels wurden namentlich viele jüngere Diplomaten, die es sich bald zu besonderer Ehre anrechnen durften, von Holstein nicht nur zu einem dienstlichen Gespräch empfangen, sondern darüber hinaus zu einem intimen Frühstück oder Diner geladen zu werden. Holsteins späterer Spitzname „Austernfreund" hat in solchen Gastereien seinen Ursprung. Die Gesprächspartner des „Einsiedlers" waren jedoch nicht nur Amts- und Standesgenossen. Der Politiker aus Leidenschaft verkehrte mit Persönlichkeiten der verschiedensten Lebenskreise. Außer *Gerson Bleichröder* waren andere Bankiers darunter, so sein Teilhaber *Julius Schwabach*, später dessen Sohn *Paul*, der Nacherbe des Holstein-Nachlasses, ferner führende Journalisten.

Bis in die achtziger Jahre reichen Holsteins Beziehungen zu einigen geistvollen Damen der Berliner Gesellschaft zurück, darunter zu der mit der Familie *Bismarck* befreundeten Frau *von Spitzemberg*, der Witwe des württembergischen Gesandten *Carl Hugo von Spitzemberg*, vor allem aber zu *Helene von Lebbin*, der Witwe des Geheimrats *Hermann von Lebbin*, einer Tochter des hochverschuldet verstorbenen Generals *Heinrich von Brandt* und Nichte des dreiunddreißig Jahre in Ostasien – so der Titel seines großen Erinnerungswerkes – tätigen Diplomaten, zuletzt Gesandten in China, *Maximilian von Brandt*.

Zur Abrundung des Persönlichkeitsbildes Holsteins noch eins: er verkehrte damals wie später mit jedermann auf der Basis völliger Gleichheit. Das galt auch für die Kanzler *Caprivi*, *Hohenlohe* und *Bülow*. In dem letzteren sah er zeitlebens seinen nicht eben musterhaften Schüler. Eine einzige Ausnahme muß genannt werden: der alte *Bismarck*. Die Ungeniertheit seines Auftretens ihm gegenüber, die am jungen Holstein auffiel, verlor sich nach 1870. Wie schon von Paris aus brachte Holstein auch weiter Wünsche an „den großen capo" oft nicht persönlich vor, sondern bediente sich verschiedener Mittler, vorzugsweise aber wie in der Pariser Zeit *Herbert Bismarcks*. Er sah es auch als seine persönliche Aufgabe an, diesen in der Diplomatie voranbringen zu helfen. Über das beiderseitige Verhältnis wird noch einiges zu sagen sein.

Als die Verhandlungen zwischen *Bismarck* und *Hohenlohe* wegen der Übernahme des Staatssekretärpostens sich in die

Länge zogen, bot Holstein in Berlin wie in Varzin alles auf, eine dauernde Lösung in seinem Sinne zu erreichen, das heißt *Hatzfeldt* ins Gespräch zu bringen. Erst Ende April kam Hohenlohe nach Berlin, zu dessen Vertreter in Paris *Radowitz* bestellt wurde. Der Fürst, ein vornehmer „Standesherr"[9], hatte im international verbundenen Hochadel eine hervorragende Position. Sein älterer Bruder war der *Herzog Viktor von Ratibor und Fürst von Corvey* – er beschäftigte *Hoffmann von Fallersleben* als Bibliothekar –, langjähriger Präsident des preußischen Herrenhauses. Von seinen jüngeren Brüdern war *Gustav Adolf* Kurienkardinal – *Bismarck* wollte ihn zeitweise zum deutschen Botschafter beim Vatikan machen –, *Konstantin* Obersthofmeister Kaiser *Franz Josephs*[10]. Sein Schwager war *Fürst Peter Wittgenstein,* damals russischer Botschafter in Paris. Im Gegensatz zu Ratibor, der sich in Berlin ein Stadtpalais leisten konnte, war Hohenlohe in ständiger Finanznot. In einem Briefkonzept aus den achtziger Jahren schreibt er, die Sorgen verursachten ihm Selbstmordgedanken. Aus seiner Bedrängnis wurde er befreit, als seine Frau Wittgenstein beerbte.

Im Herbst 1880 erkrankte *Hohenlohe* und kehrte nach seiner Genesung nicht nach Berlin, sondern nach Paris zurück. Da auch die Verhandlungen mit *Hatzfeldt* sich wegen dessen persönlichen Verhältnissen[11] weiter verzögerten, mußte Holstein Ende des Jahres 1880 erstmals die Politische Abteilung, das eigentliche Arbeitsfeld des Staatssekretärs, zeitweise leiten. Das Amt bekam damals im übrigen fast das „Image" eines Bismarckschen Familienunternehmens. Außer *Herbert* gehörte ihm Bismarcks Schwiegersohn *Graf Kuno Rantzau* an, der zweite Sohn *Wilhelm (Bill)* wurde vom Kanzler zu persönlichem Dienst herangezogen, und schließlich zählte Holstein damals zu Bismarcks Clan.

Hatzfeldt, der die Botschaft in Konstantinopel ebenso ungern verließ wie *Hohenlohe* die in Paris, auch erwartete, einst eine wichtigere erhalten zu können, übernahm den Posten des Staatssekretärs erst im Juli 1881. *Bismarck* sah ihn im Amt nicht sonderlich gern. Ein weniger tüchtiger Mann wäre ihm dort lieber gewesen, doch war Hatzfeldt, im Gegensatz zu *Arnim*, in keiner Weise ein möglicher Rivale. „Geistig ungeheuer bedeutend, aber gänzlich ohne Hinterteil. Eine Giraffe, geschaffen für den Löwenritt", so charakterisiert Holstein ihn einmal. „Paul der Faule", wie er im Amt von früher her hieß, liebte Details und Routinearbeit nicht und interessierte sich nur, dann allerdings mit vollem Einsatz, für „große" Dinge, Umstände wie geschaffen für Holstein, ebenso aber auch zur Verschärfung der Feindschaft mit *Radowitz* und dem alten Bismarck-Intimus *Bucher*.

Holsteins Stellung schien sich nicht zu ändern, als 1885 *Herbert Bismarck* zum Unterstaatssekretär und noch im gleichen Jahr zum Nachfolger *Hatzfeldts* berufen wurde. Diesem, der sein Ziel, die Londoner Botschaft, erreichte, war es recht. In seiner indolenten Grundhaltung fand er es nur natürlich, daß der Sohn des Kanzlers eine bessere Karriere mache als andere. Er fand sogar, daß es mit Herbert noch langsam genug gehe. „In seinem Alter war *Richard Metternich* (der Sohn des Staatskanzlers) längst Botschafter", schrieb er einmal. Dennoch fand er sich von den Bismarcks rücksichtslos behandelt. Holstein teilte diese Meinung entschieden. Herbert, dessen schroffes Wesen sich in seiner Amtsführung bald vielfältig äußerte, verleidete manchem den Dienst, darunter *Lothar Bucher,* der noch 1885 den Abschied nahm.

Der Reichskanzler *Fürst Otto von Bismarck* während der Reichstagssitzung vom 6. Februar 1888.

Sein Sohn, Staatssekretär *Graf Herbert von Bismarck.*

3. Zwischen Hof und Auswärtigem Amt

Ein Grundproblem der deutschen Politik seit den frühen achtziger Jahren war die Frage, wie sich die Lage des Reiches nach innen und außen gestalten werde, wenn es zu dem wegen des hohen Alters *Wilhelms I.* erwarteten Thronwechsel komme, vor allem, ob und wie lange *Bismarck* dann Kanzler bleiben werde. Vom Kronprinzen *Friedrich Wilhelm* wurde allgemein ein innen- wie außenpolitischer Wechsel erwartet. Freunde und Gegner nahmen auch an, daß der ohnehin große Einfluß der Kronprinzessin *Viktoria* vollends dominieren und die Interessen Englands über Gebühr fördern werde. Die Kronprinzessin verstärkte diese Erwartungen noch, indem sie, obwohl sie selbst kaum einen Tropfen englischen Blutes hatte, sich ganz als Engländerin verstand und das bei jeder Gelegenheit bekundete. Holstein teilte die Meinung vieler Zeitgenossen, daß der Kronprinz seiner Frau übermäßigen Einfluß einräume und sein eigenes Urteil dem ihren unterordne. Zu seinen näheren Bekannten gehörte der Hofmarschall der Kronprinzessin, *Graf Götz von Seckendorf,* der, im Gegensatz zur Mehrheit der Umgebung des Kronprinzenpaares, gute Beziehungen zum Kanzler pflegte. *Graf August Eulenburg* jedoch, Repräsentant des konservativen ostpreußischen Adels, Hofmarschall des Kronprinzen und später auch *Wilhelms II.,* von äußerstem Mißtrauen gegen Bismarck erfüllt, sah in Holstein einen der Hauptunruhestifter.

Nach jahrelangen „Grabenkämpfen" gelang es den Bismarckfreunden, *Eulenburg* zu entfernen, aber der Nachfolger,

Karl von Normann, bisher Privatsekretär der Kronprinzessin, war dem Kronprinzen noch ergebener. Rückhalt hatten die Bismarckgegner auch an dem Chef der Admiralität, General *von Stosch,* und einem Duzfreund des Kronprinzen, dem General *Mischke,* einem der wenigen Bürgerlichen in der preußischen Generalität. 1883 mußte Stosch nach einem Konflikt mit *Bismarck* sein Amt niederlegen, für den Kanzler ein großer Erfolg. Holstein und andere Alliierte Bismarcks, zu denen auch der ehrgeizige General *Graf Waldersee* gehörte, nunmehr als Generalquartiermeister Gehilfe *Moltkes,* strebten nun vor allem an, Normann zu Fall zu bringen, was in der ersten Hälfte des Jahres 1884 gelang. Neuer Hofmarschall des Kronprinzen wurde ein polnischer Edelmann, *Graf Hugo Radolinski,* seit 1866 im diplomatischen Dienst. Dieser, damals Witwer, war 1863–1880 mit der dem königlichen Hause nahestehenden Engländerin *Lucy Wakefield* vermählt gewesen. Das sicherte ihm die besondere Gewogenheit der Kronprinzessin. Holstein, der zu seiner Berufung entscheidend beitrug, war er schon seit einiger Zeit verbunden. In den neunziger Jahren wurde er sein einziger Duzfreund, und bis 1906 war er einer seiner bevorzugten Briefpartner. Auch *Bismarck* war mit dieser Ernennung zufrieden.

Radolinskis Stellung am kronprinzlichen Hof wurde gestärkt durch seine Schwägerin, Mrs. *Julia Tyrrell,* die ihm seit dem Tode seiner Frau den Haushalt führte. Holstein, der in seinen Tagebuchblättern einmal vermerkte, die Bakterien *Eulenburg* und *Normann* müßten durch bessere ersetzt werden, damit der Körper des kronprinzlichen Hofes gesunde, konnte mit Genugtuung den Erfolg seiner Bemühungen feststellen.

Seine Anstrengungen, die Beziehungen zwischen Kronprinz, Kronprinzessin und Kanzler zu verbessern, hat er fortgesetzt, ungeachtet seiner nun beginnenden Entfremdung vom Hause *Bismarck* und der wachsenden Abweichung seiner politischen Anschauungen von denen des Kanzlers. Er war überzeugt, daß die Eifersucht des Kronprinzen auf Bismarck nicht auf grundsätzlichen Differenzen beruhe, sondern auf

48

Äußerlichkeiten, etwa darauf, daß der Kanzler einen Salonwagen bekam oder gelegentlich einen Orden früher erhielt als die Kaiserliche Hoheit.[12] Holsteins Bemühungen erregten alsbald *Herbert Bismarcks* Eifersucht. Er vermochte damals jedoch noch leicht dessen Mißtrauen zu überwinden.

Während die beginnende deutsche Kolonialpolitik trotz einiger Reibereien mit England durchaus Nebensache war, stand noch eine andere dynastische Angelegenheit im Mittelpunkt der Politik und des allgemeinen Interesses. Es handelt sich um Leben und Liebe *Alexander von Battenbergs,* wie ein bekannter Buchtitel lautet[13]. Dieser ehrgeizige Prinz, Sproß einer Nebenlinie des großherzoglich hessischen Hauses und naher Verwandter der Royal Family, zugleich Neffe Zar *Alexanders II.,* war durch den Berliner Kongreß Fürst von Bulgarien geworden. Es wurde von ihm erwartet, daß er sein Land im engsten Einvernehmen mit Rußland regiere.

Zu einer so bescheidenen Rolle war *Alexander* wenig geneigt, und diese Haltung verstärkte sich, als er 1883 die Neigung der Prinzessin *Viktoria (Vicky) von Preußen* gewann, einer Tochter des Kronprinzenpaares, mit der er sich heimlich verlobte. Die Eltern waren einverstanden, nicht aber *Bismarck.* Er befürchtete, die Heirat des Battenbergers mit einer nächsten Verwandten des britischen Königshauses werde zu unverhältnismäßigem politischen Einfluß Englands in Bulgarien und zu Verwicklungen mit Rußland führen, in die Deutschland hineingezogen werden könne. Bismarck, der es zunächst leicht hatte, das Einverständnis *Wilhelms I.* zur Vermählung „Sandros" und „Vickys" zu verhindern, sah sich noch 1883 vor einer erschwerten Situation, als *Königin Victoria* und der *Prinz von Wales* (=*Eduard VII.,* 1901–1910) sich entschieden zu Gunsten Alexanders von Battenberg bemühten. Weitere Hilfe fand dieser durch seine in engen Beziehungen zu England stehenden Brüder *Heinrich* und *Ludwig (=Louis Mountbatten).* Bismarck wiederum fand jetzt Unterstützung beim Kronprinzen, weniger aus politischen Gründen, als durch dessen Eitelkeit: er sah den Battenberger nicht als ebenbürtig an.

Holstein, der die Probleme mehrmals mit dem Kanzler eingehend diskutieren konnte, hielt die Verbindung aus außenpolitischen Gründen für unbedenklich, konnte aber *Bismarck* nicht überzeugen, der seinen Widerstand nur aufgeben wollte, wenn *Prinz Alexander* auf den bulgarischen Thron verzichte. Angesichts der Hartnäckigkeit der Kronprinzessin kamen Holstein und seine Helfer zu der Überzeugung, auf die Dauer sei der Plan nur zu verhindern, wenn der alte Kaiser vom Kronprinzen eine Erklärung verlange, daß auch er nie seine Einwilligung geben werde. Bismarck war zu einem solchen Vorgehen entschlossen, als es im Herbst 1885 in Bulgarien wegen Battenbergs Bestreben, das unter türkischer Oberhoheit stehende Ostrumelien mit seinem Lande zu vereinigen, zu internationalen Verwicklungen und bald darauf zu einem Kriege mit dem damals von Österreich protegierten Serbien kam, in dem die Bulgaren siegten. Nach diesem Erfolg ihres Schützlings hielt die Kronprinzessin an dem Heiratsplan noch entschlossener fest. Alle Hoffnungen wurden aber zunichte, als im August 1886 *Fürst Alexander* von Parteigängern Rußlands entführt und zur Abdankung gezwungen wurde.

Holsteins Haltung in der Battenbergfrage und zur gesamten Bismarckschen Rußlandpolitik bezeichnet das Ende seiner politischen Übereinstimmung mit dem Kanzler, gegen dessen persönliche Fehler und die seiner Familienangehörigen er immer kritischer wurde. Im Frühjahr 1884 waren die Beziehungen im wesentlichen noch ungetrübt. An Holsteins Geburtstag brachte *Bismarck* einen Toast auf ihn aus als „die Säule des Auswärtigen Amtes". Im Laufe des Jahres verschlechterte sich das Verhältnis jedoch erheblich. Hauptursache war *Rantzau*, den Holstein verdächtigte, gegen *Hatzfeldt* zu arbeiten. Holstein begann deswegen das Haus Bismarck zu meiden. Im Mai kam es zu seiner bekannten Duellforderung gegen Rantzau, die zur dauernden Entfremdung von *Johanna* führte. Die Beziehungen zu *Herbert* und *Bill* blieben zwar intakt, da beide Rantzau nicht mochten, äußerlich gesehen auch das Verhältnis zum Kanzler, aber Holsteins Urteil über diesen änderte sich gründlich. Während er bis dahin meinte, die persönlichen Fehler Bismarcks verschwänden hinter seinen großen Qualitäten, fand er ihn nun erfüllt von Größenwahn und besorgt vor möglichen Nachfolgern. Lange vorher beklagte er schon, daß der Kanzler sich zu sehr von aller Welt zurückziehe, in Varzin und Friedrichsruh, wo er mindestens die Hälfte des Jahres verbrachte, außer *Bleichröder* kaum jemanden sehe und es auch in Berlin nach Möglichkeit so halte. Gegen die unerwünschten Einflüsse Rantzaus und Bleichröders erschien ihm Herbert damals noch als Helfer. Er unterstützte daher dessen Ernennung zum Gesandten im Haag und bald danach zum Unterstaatssekretär (Mai 1885), tat zugleich aber auch alles, Hatzfeldt die erwünschte Botschaft in London zu sichern (vgl. oben, Kap. 2).

Holstein hatte kein Interesse, Unterstaatssekretär zu werden, da dessen Aufgabe vor allem die Leitung der Handelsabteilung war. Nur die Politische Abteilung, das Zentrum des Auswärtigen Amtes, bot ihm das gewünschte Wirkungsfeld. Als erfahrener Rat einen jüngeren Staatssekretär „zu unterstützen", lies: diesem Mentor zu sein, das waren seine Wünsche und Vorstellungen.

Darin wurde er freilich enttäuscht. Ende 1885 äußerte er, *Herbert* sei noch weniger zu beeinflussen als sein Vater; er sei arrogant, grob, neige zu Gewalttätigkeit und sei dabei leichtgläubig. Ungehemmtes Trinken verschlechtere seinen Charakter noch. Er schikaniere und ängstige das Personal. Die „Geheimen Papiere" wimmeln von derartigen Eintragungen. Als Beispiel sei die Geschichte erwähnt, wie Herbert und *Rantzau* vom Garten aus eine neue Büchse ausprobierten, indem sie „spaßeshalber" in das Fenster des Vortragenden Rates *Arthur von Brauer* schossen. Dabei konnten sie nicht wissen, daß das Zimmer zufällig leer war. Herbert Bismarck liefert ein Schulbeispiel für das zweifelhafte Glück, der Sohn eines großen Mannes zu sein.

Herbert, nach wie vor eifersüchtig auf Holsteins Bemühungen um bessere Beziehungen zwischen dem Kanzler und dem kronprinzlichen Hof, wurde in dieser Sache selbst aktiv, allerdings völlig erfolglos, zumal er gleichzeitig bestrebt war,

Einfluß auf den mit seinen Eltern zerfallenen *Prinzen Wilhelm* zu gewinnen, den späteren *Wilhelm II*. Holstein, bemüht, seine Stellung in der Politischen Abteilung nicht zu gefährden, zog sich zurück, als sein Freund *Radolinski* versuchte, ihn in persönlichen Kontakt mit dem Kronprinzen zu bringen. Seine Enttäuschung über Herbert bestärkte ihn in seiner Meinung, daß der Charakter der beiden Bismarcks sich als ein Schaden für Deutschlands Außenpolitik herausstelle. Auch war er überzeugt, daß der Kanzler den Höhepunkt seiner Leistungsfähigkeit überschritten habe und nicht mehr der alte sei. Das geschickte Verfahren beim Streit Deutschlands mit Spanien wegen der pazifischen Inselgruppe der Karolinen (1885) änderte nichts an Holsteins Ansicht, und auch der zunächst bewunderte Schachzug des Kanzlers, *Papst Leo XIII*. als Schiedsrichter vorzuschlagen, fand nicht seinen dauernden Beifall. Tatsächlich unternahm er aber nichts gegen Kanzler und Staatssekretär, suchte jedoch *Bill* zu gewinnen, beruhigend auf Herbert einzuwirken, der noch 1886 Holsteins Geburtstagsdiner arrangierte.

Die Abweichungen Holsteins von der Außenpolitik des Kanzlers zeigen sich vor allem in der Bewertung des Kernpunktes: des Fortbestands des Bündnissystems, insbesondere des Verhältnisses Deutschlands zu Österreich und Rußland. Sein Eingreifen in die künftigen Beziehungen zu Österreich ist der Inhalt jener „Geheimpolitik", die *Helmut Krausnick*, später Direktor des Instituts für Zeitgeschichte in München, in einem während des Zweiten Weltkrieges erschienenen Buch dargestellt hat. Auch wenn Holsteins Versicherung zutrifft, er habe nie den Zielen des „großen capo" zuwider gehandelt, so suchte er doch beharrlich, modifizierend einzugreifen. In einem Punkt wich seine Auffassung von der *Bismarcks* wie der Herberts eindeutig ab: Deutschland dürfe Österreich nie fallenlassen, ein Gedanke, der ihn lebenslang beherrschte. Bismarck wollte „den Draht nach Petersburg" nicht abreißen lassen. Holstein dagegen befürwortete eine „eindeutige", eine „ehrliche" Politik, und er teilte in der letzten Zeit der Amtsführung Bismarcks die Meinung anderer, z. B. *Waldersees*, daß die Zeit der russischen

Freundschaft vorüber sei. Er fühlte sich dabei immer noch dem alten Bismarck näher als Herbert, der gelegentlich offen erklärte, das beste sei, wenn Rußland und Deutschland gemeinsam Österreich zerschlügen.

Logische Folge dieser Haltung Holsteins war es, daß er auch die Aussichten *Bismarcks* über die Zukunft der Balkanländer nicht teilte. Er wünschte Rußland auf alle Fälle von den Meerengen fernzuhalten. Darum war er auch dafür, den antirussischen *Battenberger* in Bulgarien zu halten. Der eigentliche Zweck der Bismarckschen Politik gegen Rußland, die weitere Isolierung Frankreichs, mochte ihm dabei nicht voll klar sein. Für großdeutsche Zukunftsperspektiven, die anderen verlockend erschienen – *Waldersee* z. B. spricht davon, er hoffe noch ein Großdeutschland zu erleben, das Triest einschließe –, hatte er nichts übrig, fand auch, daß es für das Deutsche Reich nicht gut sei, 12 bis 15 Millionen österreichische Katholiken aufzunehmen.

Das Ende der achtziger Jahre ist gekennzeichnet durch wachsende Spannungen unter den europäischen Mächten, Aufflammen des französischen Wunsches nach Revanche, Bestrebungen des Reiches, seine Position durch Festigung und Erweiterung der bestehenden Verträge zu sichern, möglichst das Vordringen Rußlands einzudämmen, jedoch nicht durch einen Krieg. Während *Waldersee* und andere hohe Offiziere einen Krieg gegen Rußland für unvermeidlich hielten und befürworteten, selbst die Initiative zu ergreifen, sobald die Gelegenheit günstig sei, lehnte, ebenso wie *Bismarck*, Holsteins Freund *Hatzfeldt* dies ab. Im Gegensatz zum Kanzler hielt er aber alle Bemühungen um Rußland für vergeblich, daher müsse jede Unterstützung gesucht werden, die man bekommen könne. Auch Bismarck tendierte zuletzt in die Richtung: Einverständnis mit England, das aus seiner „splendid isolation" gelöst werden sollte.

Nach wie vor sollten nach *Bismarck* alle Absprachen rein defensiven Charakter haben. Holstein aber sah den Sinn einer großen Allianz, falls diese zustande komme, in offenem Vorgehen gegen das Zarenreich. Wenn die Hilfe Englands sicher sei, könne Österreich es zum Kriege gegen Rußland kommen lassen. Daß es in der bulgarischen Krise nicht zu einem solchen Zusammenstoß kam, schrieb er hauptsächlich dem Einfluß des damaligen Schatzkanzlers *Lord Randolph Churchill*[14] zu.

Die Bemühungen Englands um Abmachungen mit der Donaumonarchie verfolgte *Bismarck* mit Mißtrauen; namentlich verdächtigte er *Churchill,* sich aus ernsten Verwicklungen heraushalten zu wollen. Er wollte Österreich nicht hindern, Rußland im Nahen Osten Widerstand zu leisten, aktive Hilfe sollte es aber dabei von Deutschland nicht bekommen; das sei die Aufgabe Englands. Holstein blieb, im Einvernehmen mit *Hatzfeldt,* bei seiner Meinung, *jetzt* sei die Zeit, eine große Allianz zustande zu bringen. Die Dreibundmächte mit England und der Türkei bildeten einen Block, gegen den Rußland und Frankreich machtlos blieben.

Churchills Demission Ende 1886 besserte die Aussichten für ein kontinentales Engagement Englands. *Bismarck* begann den Abschluß eines Vertrages zwischen England und Italien zu fördern. Nun fühlte sich Holstein ermutigt, seinerseits nachdrücklich für ein britisch-österreichisches Abkommen einzutreten. Seine Aktivität wurde überflüssig, als der Kanzler Premierminister *Salisbury* darlegen ließ, ein völliges Desinteresse Englands an kontinentalen Fragen könne Deutschland nötigen, sich mit Frankreich und Rußland zu verständigen. Ändere jedoch England seine Haltung, so sei Deutschland bereit, dafür die britische Politik im Nahen Osten zu unterstützen.

Bald darauf, im Februar 1887, kam es zum Abschluß des englisch-italienischen Vertrages, dessen Ziel die Erhaltung der damals im Mittelmeerraum bestehenden Verhältnisse war, namentlich des territorialen Besitzstandes der Türkei. Wenige Tage später wurde der Dreibundvertrag auf weitere fünf Jahre verlängert. Ende März trat Österreich dem englisch-italienischen Vertrag bei. Damit war der sogenannte Orientdreibund begründet. Holstein verzeichnete diese Entwicklung mit Genugtuung, und doch war sein eigener Anteil am Zustandekommen dieser Verträge gering.

Nach diesen Abmachungen, die einem großen antirussischen Bündnis nahekamen, sah Holstein Deutschlands weitere Aufgabe in betonter Aktivität. Das Land solle sich zwar in einem unvermeidbar gewordenen Konflikt mit Rußland so lange wie möglich zurückhalten, im Ernstfall aber doch eingreifen. Mit dieser Auffassung wich er eindeutig von der *Bismarcks* ab, wonach das Ziel nicht das Vorgehen gegen einen Rivalen sein durfte, mochte der Zeitpunkt auch noch so günstig sein, sondern der Einsatz des vollen Gewichts deutscher Macht zur Erhaltung des Friedens. Holstein hoffte, daß es zum Kriege komme und Deutschland dabei möglichst lange zusehe. Bismarck wünschte einen solchen Ernstfall zu vermeiden. Wie andere sah Holstein hinter dieser Entscheidung des Kanzlers keine sachlichen, sondern persönliche Gründe: er sei zu alt geworden, einen weiteren Krieg zu führen, von dem er für seine Person nichts erwarte.

Das Hauptziel der Außenpolitik *Bismarcks* nach 1871, Isolierung Frankreichs zur Verhinderung eines Revanchaversuchs, wird am Ende seiner Laufbahn durch nichts deutlicher als durch seinen Versuch, zusätzlich das Dreikaiserbündnis zu erneuern. Er wollte Rußland nicht nur durch eine übermächtige Allianz, sondern auch durch Übereinkünfte mit seinen beiden westlichen Nachbarn von Frankreich fernhalten und damit das Gespenst des Zweifrontenkrieges bannen. Die Besorgnis vor einem gleichzeitigen Konflikt mit den mächtigen Nachbarn Frankreich und Rußland bedrückte Bismarck und den alten Kaiser, während in ihrem Stolz auf die errungenen und nun vielfach überschätzten Siege viele führende Soldaten einer solchen Möglichkeit mit weit weniger Sorge entgegensahen. Man glaubte sogar, Feldzüge in Ost und West gleichzeitig offensiv führen zu können, wobei das Schwergewicht im Osten liegen sollte. Die Pläne des alten Feldmarschalls *Moltke* für den Zweifrontenkrieg sahen dies vor. Dabei war das Ziel einer großen Ostoffensive, die Russen in Polen zu schlagen, ihnen aber nicht in die Weiten des Ostens zu folgen; gleichzeitig sollte, gestützt auf die Festungen des linken Rheinufers, gegen Frankreich „Vorwärtsverteidigung" stattfinden. Aus verschiedenen Gründen wurde dieses Konzept nach der Jahrhundertwende aufgegeben.

Wenn die Erneuerung des Dreikaiserabkommens unmöglich war, dennoch der Konflikt mit Rußland vermieden, Österreich geschützt und der mit diesem abgeschlossene Vertrag gehalten werden sollte, blieb nur die Möglichkeit separater Abmachungen mit Rußland. Dabei erschien das Mißtrauen des Zaren und des Hofes gegen das republikanische Frankreich als kalkulierbarer Faktor. Daß es ausschlaggebend auf die richtige Behandlung des jeweiligen russischen „Selbstherrschers" ankomme, davon war *Bismarck* zeitlebens überzeugt, mehr sogar als der langjährige Vertreter Deutschlands am Zarenhof, Botschafter *General von Schweinitz*. Die Bedeutung, die dem persönlichen Einfluß der Monarchen Rußlands und Österreichs auf die Politik ihrer Länder in Preußen-Deutschland beigemessen wurde, wird durch die Tatsache unterstrichen, daß der König und Kaiser vor wie nach 1870 nach Wien und Petersburg neben einem Botschafter als fast ranggleichen persönlichen Vertreter einen „Militärbevollmächtigten" (nicht zu verwechseln mit dem zur Botschaft gehörenden jeweiligen Militärattaché) entsandte. Bismarck sah noch in seinen letzten Jahren als Kanzler, was Rußland angeht, die Hauptaufgabe beider Beauftragten darin, sich dauernden Zugang zum Zaren und dessen Vertrauen zu sichern. Diese Hintergründe muß kennen, wer ein Papier wie den geheimen Neutralitätsvertrag mit Rußland vom 18. Juni 1887, den sogenannten Rückversicherungsvertrag, richtig bewerten will. In diesem Vertrag sagte Deutschland Neutralität im Falle eines unprovozierten österreichischen (das heißt im Ernst natürlich: englisch-österreichischen) Angriffs auf Rußland zu.

Holstein sah die Verhandlungen mit Rußland und erst recht den Abschluß des geheimen Vertrages mit Mißvergnügen. Übermäßig mißtrauisch, wie er oft war, befürchtete er, die wahre

Absicht der Russen sei, Deutschland in einen Krieg mit Frankreich zu verwickeln, um dann gegen Österreich vorgehen zu können. Er sah die Dreibundverträge entwertet und fühlte sich durch *Schweinitz* bestätigt, der bezweifelte, daß der Zar in einem neuen deutsch-französischen Kriege die russische Neutralität gewährleisten könne. Hauptärgernis blieb für Holstein, daß der Vertrag geheim war. Er erklärte *Herbert* und *Bill Bismarck,* damit der Kanzler es erfahre, daß ihm offene Verträge besser schienen, auch auf die Gefahr hin, daß dann Rußland und Frankreich ebenfalls offen zusammengingen.

Der Rückversicherungsvertrag besserte, weil geheim, natürlich die allgemeine Stimmung in Rußland gegen Deutschland und Österreich nicht, zumal die Bulgaren im Juli 1887 in *Ferdinand von Coburg* erneut einen Rußland wenig genehmen Kandidaten zum Fürsten wählten. Bald darauf wurde *Paul Déroulède,* Führer der Ligue de la patrie française – dessen Gesinnungsgenosse General *Boulanger* als Kriegsminister 1886/87 offen Revanchelust bekundete – bei einem Besuch in Rußland gefeiert.

Unruhe erfaßte auch England. Im August 1887 wurde Holstein aus einem Kuraufenthalt in Kissingen durch *Radolinski* zu einer eiligen Reise nach England veranlaßt. Der Grund: *Salisbury* hatte *Hatzfeldt* gesagt, der gemeinsame Feind sei nicht Rußland, sondern Frankreich. Deshalb befürchteten der Botschafter und Holstein, England erwäge eine Abmachung mit Rußland unter Aufgabe der Türkei, wodurch Italien an die Seite Frankreichs gedrängt werde. Da Hatzfeldt Salisbury diese Überlegungen bereits vorgetragen hatte, fand Holstein nichts weiter zu tun. Den Vorschlag Radolinskis, mit ihm den Kronprinzen nach Schottland zu begleiten, lehnte er – Rücksichtnahme auf *Herbert Bismarck!* – ab und kehrte alsbald auf den Kontinent zurück. Indessen schickte *Bismarck*, offiziell zur Regelung von Kolonialfragen, Herbert nach England und ließ Salisbury erklären, wenn England sich im Nahen Osten desinteressiere, werde Österreich um jeden Preis ein Arrangement mit Rußland suchen, und das Ergebnis werde ein neues und dauerhafteres Dreikaiserbündnis sein. – Die Folge des ganzen Wirbels war der Abschluß des zweiten Orientdreibundvertrages vom 12. Dezember 1887 zwischen England, Österreich und Italien, dessen erklärtes Ziel die Erhaltung des status quo auf dem Balkan und im Nahen Osten war.

Gleichzeitig mit dieser Entwicklung kam es in Deutschland zu einer Pressekampagne gegen Rußland, die in den führenden Kreisen spürbar wirkte, und zu finanzpolitischen Maßnahmen gegen russische Werte. Diese antirussische Wendung *Bismarcks* fand verständlicherweise Holsteins uneingeschränkten Beifall. Selbst *Herbert Bismarck* hielt einen Krieg für wahrscheinlich. Außer dem alten Kaiser schien der Kanzler weiter der einzige zu sein, der der Erhaltung des Friedens den Vorzug gab. Sogar *Schweinitz* suchte den von ihm wenig geschätzten Holstein auf und fand sich mit ihm in voller Übereinstimmung. Der Generalstab, vor allem *Waldersee,* war überzeugt, daß mit einem russischen Angriff zu rechnen sei, dem man durch einen Winterfeldzug in Polen zuvorkommen müsse. Diese Unruhe in Deutschland ist nur erklärlich durch die gleichzeitige nationalistische Bewegung *Boulangers* und der Patriotenliga in Frankreich.

Während dieser außenpolitischen Komplikationen drohten Holsteins mühsam angeknüpfte Beziehungen zum Kronprinzenhof abzubrechen. Seit Ende 1885 lag *Radolinski* im Streit mit Oberst *von Sommerfeld,* dem Adjutanten des Kronprinzen, und mit dem Hofmarschall *Graf Seckendorf,* die beide Hilfe bei mächtigen Militärs fanden, wie General *Emil von Albedyll,* dem Chef des Militärkabinetts des Kaisers, und dem Generalquartiermeister *Waldersee.* Holstein seinerseits war nicht bereit, eindeutig gegen *Bismarck* gerichtete Intentionen von Kronprinzessin und Kronprinz zu unterstützen. Dazu schrieb er im Oktober 1886 an Radolinski: „Ich bin manchmal über die Absichten des großen capo hinausgegangen, bin gelegentlich sogar meine Wege gegangen, um seine Ziele zu erreichen. Aber ich habe niemals bewußt gegen seine Absichten gehandelt."

Um den Kronprinzen zu überspielen, mühte sich *Bismarck,* das Vertrauen des *Prinzen Wilhelm,* der, im Gegensatz zu den „liberalen" Anschauungen seines Vaters, in Gesinnung und Auftreten betont altpreußisch-konservative Auffassungen bekundete, zu gewinnen. Gleichzeitig war der Kanzler bestrebt, im Reichstag eine ihm günstige konservative Mehrheit zustande zu bringen, was ihm infolge geschickter Ausnutzung der gespannten internationalen Lage bei den Wahlen im Februar 1887 auch gelang.

Kaiser Wilhelm II., Studie 1891.

4. Thronwechsel und Kanzlerkrise

Bald nach diesen „Septennatswahlen" wurde es gewiß, daß mit einer längeren Regierung des Kronprinzen nicht zu rechnen war. „Gottes Wege sind wunderbar", kommentierte Holstein die Nachricht, die er auf einer Ferienreise durch den Harz im Mai 1887 erhielt. Die Wahrscheinlichkeit einer günstigen Zukunft, wenn *Wilhelm II.* mit dreißig Jahren Kaiser werde, sah er nicht. Wenn Wilhelm zehn Jahre älter oder der Kanzler zehn Jahre jünger wäre, möge es mit beiden gehen, so aber scheine die Zukunft voller Gefahr, und *Herbert* sei nicht der Mann, als Dritter zwischen Kaiser und Kanzler zu vermitteln. Holstein fand Herbert desillusioniert über den Prinzen, der kein Stehvermögen und für nichts ein tieferes Interesse habe, auch nicht für das Militär.

Unter dem unmittelbaren Eindruck der Krankheit des Kronprinzen kam es zu zeitweiligem Einverständnis zwischen Holstein und *Waldersee,* und durch Vermittlung *Herbert Bismarcks* nahm Holstein engere Beziehungen zu dem ihm bereits bekannten *Grafen Philipp Eulenburg* auf, der seit Jahresfrist der Vertraute des *Prinzen Wilhelm* war. Es ist ein merkwürdiger Zufall, daß fast zu dem gleichen Zeitpunkt, als die erste Begegnung zwischen Prinz Wilhelm und Eulenburg stattfand, im Frühjahr 1886 bei einem Jagdaufenthalt Wilhelms in Ostpreußen, auch die Verbindung Holsteins mit dem künftigen einflußreichen Freund des Erben des „mächtigsten Thrones der Erde" (so Eulenburg) begann. Erstmals gesehen hat Holstein

Eulenburg im Hause *Bismarck* Anfang 1886, den ersten Brief an ihn schrieb er am 13. Juni, dem Todestage *Ludwigs II.* von Bayern, dessen Katastrophe der Graf aus der Nähe erlebte.

Philipp Eulenburg (1847–1921) war nach karger Jugend Offizier geworden. Er hatte am Kriege gegen Frankreich teilgenommen, studierte dann Rechtswissenschaften und kam nach Promotion und Assessorexamen in die Diplomatie, wo er hoffte, für seine künstlerischen Neigungen Muße zu finden. Er war zwar nicht der berufene Musiker und Dichter, für den er sich hielt, aber auch kein bloßer Dilettant. *Graf Arthur Gobineau* und *Richard Wagner* wirkten prägend auf ihn. Seine Mutter stand schon in den fünfziger Jahren *Cosima Wagner* nahe, damals noch Frau *von Bülow,* mit der sie vierhändig spielte. Eulenburgs Neigung zur nordischen Welt – als Schloßherr von Liebenberg (Uckermark) errichtete er später durch Umbauten eine „Große Nordische Halle" – wurde durch Heirat mit der schwedischen *Gräfin Augusta Sandels* (1875) verstärkt, so daß er zum späteren „Oberfahrtgesellen" bei den Nordlandreisen des Kaisers in mehr als einer Hinsicht prädestiniert war. In den achtziger Jahren hatte er außer Gedichten, darunter den ersten nordischen Balladen, mehrere Novellen veröffentlicht. Einige seiner Dramen waren sogar aufgeführt worden. Er hat sich später zwar als nicht fähig erwiesen, *Wilhelm II.* in schwierigen Lagen sicherer politischer Ratgeber und Helfer zu sein, aber doch manchen Mißgriff verhindert. Es wäre sehr ungerecht, seine Rolle im wilhelminischen Reich nur negativ zu bewerten.

In *Eulenburg* fand Holstein einen Bundesgenossen gegen *Graf Kuno Rantzau,* der, auch mit seinen Schwägern *Herbert* und *Bill Bismarck* immer mehr zerfallen, im Amt keine Stütze mehr hatte und nun einen Außenposten übernehmen sollte. Beider Bemühung, ihn von seinem Ziel, der Gesandtschaft in München, fernzuhalten, blieb erfolglos. *Bismarck* setzte während der neunundneunzig Tage die Ernennung Rantzaus durch, der nach dem zweiten Thronwechsel allerdings bald Eulenburg weichen mußte.

Inzwischen kühlte sich das Verhältnis Holsteins zu *Herbert Bismarck* weiter ab. Herbert, der Tätigkeit im Amt müde, strebte einen Botschafterposten an. Pläne des Kanzlers, den Leiter der handelspolitischen Abteilung, Unterstaatssekretär *Graf Berchem,* einen Bayern, zu Herberts Nachfolger und *Bill* zum Unterstaatssekretär zu machen, unterstützte Holstein, namentlich was Bill anging. Er schrieb an ihn in diesem Sinne, jedoch ohne Erfolg. Wilhelm Bismarck, den übrigens Holstein und andere für begabter hielten als Herbert, hatte keine Neigung, einen aufreibenden Posten zu übernehmen. Er liebte das häusliche Leben an der Seite seiner Frau – seit 1885 – *Sibylle von Arnim-Kröchlendorf,* „Malles" Tochter, die ihn um mehr als ein Menschenalter überlebte und 1945 in Varzin beim Heranrücken der Russen Selbstmord beging. Mit der Neigung zur Bequemlichkeit verband Bill eine der seines Vaters entsprechende Eßlust, und deren Folge war, daß er, kaum dreißigjährig, fast zur Bewegungslosigkeit an Gicht erkrankte. Er wurde durch den Arzt *Ernst Schweninger* geheilt, ein Ereignis von historischer Bedeutung, denn dieser Erfolg bewog den Kanzler, sich der gleichen Behandlung zu unterziehen. Die Konsequenz, mit der Schweninger seine Behandlungsmethoden durchsetzte, hat zweifellos Bismarcks Leben und Arbeitsfähigkeit erheblich verlängert.

Man schrieb ein ominöses Datum, den 9. November 1887, als Holstein die Nachricht erhielt, daß der baldige Tod des Kronprinzen gewiß sei. Am gleichen Tage erklärte ihm *Waldersee* in einem Gespräch, *Wilhelm II.* und *Bismarck* könnten nicht lange zusammenarbeiten. Obwohl auch Holstein davon überzeugt war, fürchtete er im Augenblick dennoch mehr eine – wenn auch nur kurze – Regierung des Kronprinzen, die unter dem Einfluß *Viktorias* der Monarchie sehr schaden könne.

Wenig später unterlief *Bismarck* in der Behandlung des wahrscheinlich bald regierenden dritten Kaisers ein schwerer Fehler: er ließ es zu, daß *Wilhelm* wegen seiner Teilnahme an einer Versammlung der christlich-sozialen „Partei" des Hofpredigers *Adolf Stöcker* im Hause *Waldersees* in der Presse scharf getadelt, der Gastgeber aber geschont wurde. Statt den Prinzen von Waldersee zu trennen, erreichte er damit das Gegenteil. Waldersee erfuhr auch bald, daß der Chef der Reichskanzlei, *Franz Johannes von Rottenburg*, auf Weisung des Kanzlers die Presse instruiert hatte. Erstmals war *Prinz Wilhelm* ernstlich gegen den Kanzler aufgebracht, der lernen müsse, daß es noch einen Kaiser gebe. Holstein bediente sich um die Jahreswende der Hilfe *Eulenburgs*, die Wogen zu glätten, glaubte aber nicht, daß ein Gespräch zwischen Prinz Wilhelm und *Herbert Bismarck* genüge, um dies zu bewirken.

Hinsichtlich eines kriegerischen Vorgehens gegen Rußland stand Holstein auf seiten *Waldersees,* und er begrüßte dessen Einfluß auf *Prinz Wilhelm.* Er unterstützte aber nicht seine weitergehende Kritik an *Bismarck. Herbert* suchte er durch *Bill* zu warnen, in Gegenwart Prinz Wilhelms seiner Trinklust nachzugeben. Als Herbert kurz nach der Thronbesteigung *Friedrichs III.* preußischer Staatsminister wurde, mühte sich Holstein mit Erfolg – er beklagte damals, ihm fehle an Macht, was den Bismarcks an Takt mangele – dem Chef der Admiralität, General *von Caprivi*, neben *Radolinski*, der bald zum *Fürsten Radolin* erhoben wurde, einer der wenigen sicheren Parteigänger Bismarcks, eine Kompensation zu verschaffen, die Ernennung zum General der Infanterie.

Die neunundneunzig Tage waren zu kurz, die Handlungsfähigkeit *Friedrichs III.* zu begrenzt, als daß er von seinen teils erhofften, teils befürchteten Lieblingsplänen viel hätte verwirklichen können. Auch *Kaiserin Viktoria,* die sich nach dem Tod ihres Gatten *Kaiserin Friedrich* nannte, kam nicht dazu, maßgebenden Einfluß auf den Gang der Dinge auszuüben. Sogar in dem Bestreben, „Sandro" ihrem noch immer gleichen Ziele näherzubringen, scheiterte sie. Die „Liebe" des Battenbergers endete in einer Tragikomödie. Als der neue Kaiser ihn in das zeitweilig „Friedrichskron" umgetaufte Neue Palais in Potsdam einlud und ihm den Orden Pour le mérite verleihen wollte, erhob *Bismarck* mit Erfolg Einspruch; er erklärte, dies könne als Provokation Rußlands gedeutet werden. Holstein sah freilich darin vor allem einen Versuch des Kanzlers, sich beim *Kronprinzen Wilhelm* wieder in Gunst zu setzen. Gleichzeitig hatte er Anlaß, durch *Radolinski* die Kaiserin vor einem Bruch mit Bismarck zu warnen; sie solle vielmehr von *Prinz Alexander*, der vorgab, nicht auf die Zustimmung des Kronprinzen Wilhelm verzichten zu wollen, eine eindeutige Erklärung verlangen, daß er die Heirat wünsche. Der Kanzler ließ indessen den *Großherzog von Hessen* bitten, Alexander zum Verzicht zu bewegen. Er ging bald noch weiter und ließ *Königin Victoria* und der britischen Regierung erklären, wenn es zu der Heirat komme, sei der Platz Deutschlands künftig auf Dauer an der Seite Rußlands. Dagegen sagte er der Kaiserin, er trete gegen die Heirat nur in der Öffentlichkeit auf; sie könne stattfinden, nur dürfe er davon nichts wissen. Kaiserin und Kanzler kamen überein, zum Schein einen Pressekrieg zu führen. Bismarck stellte auch eine namhafte Mitgift für Prinzeß *Vicky* in Aussicht. – Unmittelbar nach seiner Thronbesteigung verbot *Wilhelm II.* die Heirat ein für alle Mal.

Der Kanzler und Herbert hatten jahrelang einer Regierung *Friedrichs III.* mit Sorgen entgegengesehen, fühlten sich aber unter *Wilhelm II.* zunächst sicher. Der Kanzler sah keinen Anlaß, seine Lebensweise und seine Regierungsmethoden zu ändern. Von Mitte Juni 1888 bis Januar 1889 und wieder vom Mai 1889 bis zum Januar 1890 war er auf dem Lande und überließ es *Herbert,* persönlichen Kontakt mit dem jungen Herrscher zu halten.

Holstein hatte anfangs eine ziemlich günstige Meinung vom „jungen Herrn", der eine gewisse Energie und eigene Ansichten zu bekunden schien; er warnte *Herbert,* die Einwirkung anderer auf den Kaiser zu unterschätzen. Seine Beziehungen zu ihm waren 1888 immer noch so gut, daß Herbert ihn einlud, sich dem kaiserlichen Gefolge bei der vorgesehenen Reise nach Rußland anzuschließen. Holstein hielt es jedoch wie seinerzeit bei der Einladung *Radolinskis* nach Schottland, er reiste statt dessen in die Schweiz. Nach seiner Rückkehr mußte er neben seinen sonstigen Aufgaben gleichzeitig Herbert und den Unterstaatssekretär *Berchem* vertreten. Während dessen geschah es, daß der

Kanzler, erbost über die Weiterleitung eines Dokumentes direkt an den Kaiser, Holstein in einem offiziellen Brief mitteilte, er, *Bismarck*, behalte sich selbst vor zu entscheiden, was er vor einer Weitergabe an den Kaiser sehen müsse. Da Bismarck mit seinem Sohn kaum anders verkehrte, ist es schwer zu sagen, ob Holstein hier, wie bei anderen Gelegenheiten, überempfindlich reagierte.

Mehr Grund zum Ärger hatte er bei einem anderen Vorfall. Im Frühjahr 1889 schlug *Bismarck* vor, Holstein solle auf der im April in Berlin stattfindenden Samoakonferenz mit England und Amerika deutscher Hauptbevollmächtigter werden. Er machte diesen Vorschlag, weil Holstein, wie er selbst, Kolonialfragen mit einer gewissen Distanz betrachtete; er ließ aber schließlich doch *Berchem* beauftragen.

Angelpunkt der immer deutlicher werdenden Differenzen in den politischen Anschauungen des Kanzlers und Holsteins war jetzt wie früher die Rußlandpolitik. Diesen Streitpunkt wünschte Holstein jedoch nicht gegen *Bismarck* persönlich zu verwenden. Anders dagegen *Waldersee*, der den Kaiser durch Nachrichten über militärische Maßnahmen der Russen gegen den Kanzler einzunehmen suchte. Diese Bemühungen erhielten Auftrieb durch das Vorgehen Bismarcks im Falle *Wohlgemuth* und in der Frage der Konvertierung russischer Eisenbahnanleihen.

August Wohlgemuth war ein Polizeiinspektor, der bei dem Versuch, Agenten gegen dort lebende deutsche Sozialdemokraten zu gewinnen, in der Schweiz verhaftet worden war.[15] Im Einvernehmen mit Rußland versuchte *Bismarck*, den Vorfall zu Maßnahmen gegen die Schweiz – es kam sogar zu Kriegsdrohungen – und das dort auch für politische Agitatoren geltende Asylrecht zu nutzen.

Im anderen Falle weigerte sich der Kanzler, dem Verlangen des Kaisers nachzukommen, der große finanzielle Verluste seines Landes und deutscher Interessenten bei Verwicklungen mit Rußland befürchtete, die Konvertierung zu unterbinden. Erst nach einigem Hin und Her gab *Bismarck* schließlich nach.

Als Holstein Mitte September von einem zweimonatigen Urlaub zurückkehrte, drohten neue Differenzen zwischen Kaiser und Kanzler, diesmal wegen eines Reliktes des Kulturkampfes. *Bismarck* war bereit, den Redemptoristenorden in Deutschland wieder zuzulassen. Der Kaiser war nicht einverstanden, weil dieser Orden den durch ein noch – bis 1917 – geltendes Gesetz aus Deutschland verbannten Jesuiten nahestand. Auch Holstein fand, daß die Zulassung der Redemptoristen ein unverhältnismäßig großes Entgegenkommen gegenüber der Zentrumspartei sei, auch gegenüber dem Papst und dem Katholizismus überhaupt; er bearbeitete daher *Eulenburg*, den Kaiser zu beeinflussen, bei seinem bevorstehenden Besuch in Italien in dieser diffizilen Sache keine Konzessionen zu machen.

Gleichzeitig mühte er sich, *Eulenburgs* Einfluß gegen eventuelle weitere Zusagen an Rußland bei dem erwarteten Zarenbesuch im Oktober 1889 einzusetzen. Geheime Abmachungen mit Rußland, meinte er, blieben nicht geheim, sie würden benutzt werden, um in England und Österreich Argwohn zu wecken.

Hinsichtlich einer Überbrückung der Differenzen zwischen *Bismarck* und *Waldersee* war Holstein skeptisch, weil, so seine Meinung, es bei Inhabern hoher Ämter jederzeit zu neuen Konflikten kommen könne. Noch zweifelhafter erschien ihm Waldersees Ansicht, notwendigen sozialen Reformen durch Stützung überlieferter religiöser Anschauungen entgehen zu können. Waldersee erklärte, nur Religion und Glaube könnten gegen Sozialismus helfen, Holstein schrieb dagegen, in einem Brief an *Radolin*, Dezember 1889: so notwendig Religion sei, so könne sie durch nichts rascher diskreditiert werden als dadurch, die Bibel statt Brot anzupreisen.[16] Die Bestrebungen *Stöckers* und Waldersees seien nicht geeignet, das Entgegenkommen, das der Kaiser den Arbeitern zeigen wolle – damals wurde die erste internationale Arbeiterschutzkonferenz in Berlin vorbereitet –, überflüssig zu machen.

Auch in dieser Frage waren also die Differenzen zwischen Kaiser und Kanzler offenkundig. *Bismarck* suchte seit Oktober 1889 im Reichstag ein verschärftes und unbefristetes Sozialistengesetz durchzubringen, das es auch ermöglichen sollte, aktive Sozialisten durch Polizeimaßnahmen aus ihrer Heimat auszuweisen. Holstein bezweifelte – so im November in einem Brief an *Ida von Stülpnagel* –, daß der Kanzler, der zehn Jahre als Kaiser regiert habe, mit den neuen Verhältnissen zurechtkommen werde. Er widerspreche bei jeder Gelegenheit dem Kaiser, warne ihn andererseits nicht vor unpopulären Maßnahmen.

Die geplanten Ausweisungsparagraphen fanden selbst bei einem Teil der Konservativen keine Zustimmung, so bei Holsteins Namensvetter *Graf Konrad Holstein-Neverstorff* und dem badischen Gesandten *Adolf Freiherr Marschall von Bieberstein*. Mit letzterem stand Holstein damals schon in engster Verbindung; beide sahen sich in den letzten Monaten vor *Bismarcks* Sturz fast täglich. Der Kanzler hingegen erkannte nicht rechtzeitig, wie weit in diesen Fragen seine Anschauungen von denen das Kaisers abwichen. Versuche Holsteins und anderer, ihn darüber noch vor dem Jahresende genauer zu informieren und ihn zur Rückkehr nach Berlin zu veranlassen, hatten keinen Erfolg.

Andererseits wirkte Holstein Anfang Januar 1890 mit bei der Abfassung zweier für den Kaiser bestimmter Memoranden zur Arbeiterfrage. Der Verfasser des einen war der ihm wohlbekannte *Dr. Franz Fischer,* Korrespondent der „Kölnischen Zeitung" in Berlin, der zweite *Dr. Paul Kayser,* genannt „der kleine Kayser", ein hervorragender Jurist, damals Angehöriger der Politischen Abteilung, später Direktor der verselbständigten Kolonialabteilung des Auswärtigen Amtes. Als Übermittler an den Kaiser wurde *Eulenburg* eingeschaltet, den, ebenso wie die beiden Bismarcksöhne, Dr. Kayser als „Einpauker" auf das Assessorexamen vorbereitet hatte.

Der „große Kaiser", ungeduldig werdend, weil *Bismarck* immer noch keine Anstalten machte, nach Berlin zu kommen,

68

schickte am 23. Januar dem Staatssekretär des Reichsamts des Innern, preußischen Innenminister und stellvertretenden Vorsitzenden des Staatsministeriums, *Heinrich von Bötticher,* die Botschaft, daß am nächsten Abend ein Kronrat stattfinden solle. Am Abend des 23. kam *Herbert* zu dem wegen Influenza – so hieß damals die Grippe – bettlägerigen Holstein, um die Lage zu erörtern. Dieser, wie er nachher an *Eulenburg* schrieb, warnte davor, den Bogen zu überspannen. Früh am nächsten Morgen schrieb er in diesem Sinne zusätzlich an Herbert: selbst die Konservativen sähen nur mit Rücksicht auf den Kanzler davon ab, die Ausweisungsparagraphen fallenzulassen. Der Kaiser gewinne Boden. Man könne nicht raten, die Dinge so weit zu treiben, wie „Seine Durchlaucht" es auf einsamen Spaziergängen denkbar finde.

Der Kaiser, der inzwischen *Bismarcks* Erscheinen im Reichstag befürchtete, ließ mitteilen, er erwarte den Kanzler erst unmittelbar vor dem Kronrat in Berlin. Bismarck arrangierte aber noch vorher eine Sitzung des Staatsministeriums und suchte dieses in seinem Sinne zu beeinflussen. Im anschließenden Kronrat erklärte der Kaiser erweiterte gesetzliche Maßnahmen zu Gunsten der Arbeiter für notwendig, da Revolutionen immer dort ausbrächen, wo rechtzeitige Reformen unterblieben. Bismarck widersprach. Aus Erfahrung könne er sagen, daß Beschwichtigung nicht helfe. Darauf der Kaiser: er wolle nicht am Anfang seiner Regierung das Blut seiner Untertanen vergießen. Der dem Kanzler günstig gesinnte Landwirtschaftsminister *Robert Lucius von Ballhausen* sagt in seinen „Bismarckerinnerungen", die postum nach dem Ersten Weltkrieg erschienen, das Ministerium habe den Eindruck gehabt, es sei ein unheilbarer Bruch eingetreten.

Im Reichstag fiel der Entwurf des neuen Sozialistengesetzes durch, und Holstein fürchtete, *Bismarck* werde nun mit dem Zentrum zusammengehen. Das Zentrum aber, einmal mit der Staatsmacht im Bunde, müsse den Bestand des Reiches gefährden. Denn in Bayern werde es voll zur Herrschaft kommen, und diese werde später nur noch mit Gewalt zu brechen sein. Den

Dr. *Ludwig Windthorst,* Mitglied des Reichstages, Zeichnung von *Anton von Werner.*

Der Bankier *Bismarcks: Gerson Bleichröder.*

Kaiser ließ er durch *Eulenburg* von der Möglichkeit in Kenntnis setzen, Bismarck werde ein Mitglied des Zentrums zum Minister vorschlagen. Mündlich warnte er aber *Herbert* erneut, sein Vater möge die Dinge nicht zu weit treiben.

Als der sächsische Gesandte *Graf Hohenthal Bismarck* mitteilte, die sächsische Regierung wolle im Bundesrat ein Arbeiterschutzgesetz vorschlagen, lautete die Antwort, die soziale Frage werde nur „durch Blut und Eisen" gelöst. Auch dies wurde dem Kaiser sofort hinterbracht. Er war darüber so erbost, daß er unangemeldet in einer Sitzung des Staatsministeriums erschien, worauf Bismarck einlenkend erklärte, es würden zwei kaiserliche Erlasse vorbereitet, einer bezüglich der internationalen Aspekte der sozialen Frage, der andere über die Gesetzgebung des Reiches. Die Beruhigung war indessen nur äußerlich, und bei beiden Erlassen, die am 4. Februar veröffentlicht wurden, verweigerte Bismarck die Gegenzeichnung.

Als am 20. Februar die Wahlen von Zentrum und Konservativen gewonnen wurden und die Sozialdemokraten sich behaupteten, schien die von Holstein befürchtete Eventualität, daß *Bismarck* mit Hilfe von Konservativen und Zentrum regieren könnte, Realität zu werden. Bismarck sprach auch in einer Sitzung des Ministeriums am 2. März offen davon, daß man die Verfassung ändern müsse, wenn eine wiederholte Auflösung des Reichstages keine besseren Ergebnisse bringe. In der gleichen Sitzung erinnerte er an eine königliche Kabinettsorder von 1852, die den Ministern das Recht zum Vortrag beim Monarchen nur im Einverständnis mit dem Ministerpräsidenten einräumte.

Bismarck, der den Weg der Gewalt als äußerste Möglichkeit betrachtete, schien ein Zusammengehen mit Konservativen und Zentrum ernstlich zu erwägen. Er nahm Verbindung mit den Konservativen auf und ließ durch *Bleichröder* den Zentrumsführer *Windthorst* zu einer Besprechung einladen. Diese Zusammenkunft, die am 12. März stattfand, wurde sofort bekannt. Das Vorgehen Bismarcks – seine gleichzeitigen Versuche, auch Verbindung mit der *Kaiserin Friedrich* aufzunehmen, machten es offenkundig, daß ihm jedes Mittel recht war, seine Macht zu erhalten – erregte den Kaiser so sehr, daß er den Kanzler am 14. März abends zum Vortrag am folgenden Morgen bestellte. Das Ergebnis dieses Gesprächs, das oft im einzelnen dargestellt worden ist, war das Abschiedsgesuch Bismarcks, das, vom Kaiser sofort gefordert, am 18. eingereicht und am 20. genehmigt wurde.

Während des Zweiten Weltkrieges wurde in dem Bismarck-film „Die Entlassung", der nach dem 1940 erschienenen Buch des *Grafen Ernst* zu *Reventlow* „Von Potsdam nach Doorn" gedreht wurde, Holstein als „Hauptschuldiger" hingestellt, und in den Zeitungen erschien um die Jahreswende 1942/43 sein Bild mit der Unterschrift „Das war der Mann, der *Bismarck* stürzte". Damit wird seine Rolle bei weitem überschätzt. Seine Mitwirkung war nur ein Faktor unter vielen in der Entlassungskrise und ihrer Vorgeschichte.

Sein Ziel war in erster Linie, im Falle des bald nach der Thronbesteigung *Wilhelms II.* als unvermeidbar erkannten Bruchs zwischen Kaiser und Kanzler seine eigene Stellung im Zentrum der Macht zu sichern. Er trat dabei für *Herberts* Verbleiben im Amt ein, weil dieser ihm selbst nicht im Wege stand und damit eine gewisse Kontinuität in der Leitung der Politik gewahrt schien. Daß es auch mit Herbert zum Bruch kam, war nicht nur Folge des Zusammenstoßes wegen des Rückversicherungsvertrages Ende März, sondern ergab sich aus der Konsequenz der Dinge und daraus, daß der Staatssekretär weniger ein Politiker sui generis, als der Sohn eines großen Mannes war. Daß Holstein damals keine höhere Position erstrebte, scheint auch verständlich: er wollte nicht den Anschein erwecken, auf Kosten der beiden *Bismarcks,* denen er vieles verdankte, emporzusteigen. Die Frage, warum er auch später persönliches Hervortreten vermied, wird uns noch beschäftigen.

Das Gewirr von Intrigen und Gegenintrigen, der Absichten und Motive der Handelnden in der letzten Zeit der Regierung

Bismarcks voll zu durchschauen, ist nicht möglich. In diesem Falle muß, wie in manchem anderen, der Historiker sich damit bescheiden, nicht alles wissen und erst recht nicht alles beweisen zu können. Bismarck beispielsweise, der – um es schonend auszudrücken – in der Entlassungskrise nicht gerade eine Glanzrolle spielte, hat mit Recht sehr skeptisch über den Beweiswert schriftlicher amtlicher Zeugnisse, insbesondere von Akten, geurteilt, und jeder mit Büropraxis Vertraute kennt Fälle, daß solche Papiere zur Verschleierung von Sachverhalten und Entscheidungsgründen angefertigt werden und damit nicht der Enthüllung, sondern der Verdunkelung der Wahrheit dienen.[17]

Holsteins Vermutung, daß es mit dem jungen Kaiser und *Bismarck* „nicht gehen" werde, hatte sich voll bestätigt. Es wäre falsch, die Hauptursache des Scheiterns darin zu sehen, daß der Kanzler, der mit den beiden Vorgängern richtig umgehen konnte, den „jungen Herrn" nicht zu behandeln verstand. Die einzig „richtige" Behandlung wäre gewesen, den Kaiser davon zu überzeugen, daß er allein regiere. So etwas vermochte, wenigstens einige Zeit lang, der jüngere *Bernhard von Bülow*, Bismarck konnte das nicht.

Holstein hat gewiß auf beiden Schultern getragen, war aber, wie *Rich* mit Recht sagt, weder ein Judas noch gar ein Brutus. Ihm sein Verhalten anzukreiden, wäre nicht richtig. Er war nicht der Diener *Bismarcks*, sondern des Kaisers. In seinen Erinnerungen zog er (1898) nach Schilderung der letzten Begegnung mit *Herbert* und eines späteren Gesprächs mit *Bill* die Summe: „Die Bismarckidee überflutete alles, überschwemmte – zum Glück nicht überall und bei allen – die Begriffe Kaiser, Reich, Dienst, denen sie sich substituiert hatte."

Wenn *Bismarck* meinte, Preußen sei „monarchisch bis auf die Knochen", so ist es sehr fraglich, ob das damals für die Mehrheit seiner Bevölkerung noch galt. Im Falle Holstein traf es zu. Er war und blieb ein Royalist. Begründeter ist schon ein anderes von Bismarck häufig verwendetes Wort: der König von Preußen sei der eigentliche Ministerpräsident. Bismarck hat selbst entscheidend dazu beigetragen, dem Monarchen eine solche Machtstellung zu verschaffen.

Holsteins Absichten und Motive sind nicht ganz zu durchschauen. Er hielt gewiß die Zeit für gekommen, daß *Bismarck* sich zurückziehe, zumindest von der Leitung der Gesamtpolitik, hatte aber damals, im Gegensatz zu 1894, über die Nachfolge keine feste Vorstellung und noch weniger einen bestimmten Kandidaten im Auge. *Waldersee* war keineswegs sein Mann, und *Caprivi* hat er nicht erfunden. Die Wahl *Marschalls* zum Staatssekretär, die er unterstützte, wurde erst wirklich akut, als *Herbert Bismarck* sich endgültig weigerte zu bleiben.

Es ist auch heute noch eine verbreitete, wohl sogar vorherrschende Meinung, *Bismarcks* Entlassung sei ein Unglück gewesen. Der Verfasser weicht von dieser Anschauung ein wenig ab. Gewiß hätten der Zeitpunkt des Abschieds günstiger und seine Umstände erfreulicher sein können. Hätte Bismarck sich bald nach dem siebziger Krieg tatsächlich zurückgezogen, wäre dies für ihn weder als Privatmann noch als historische Persönlichkeit ein Nachteil gewesen, vielleicht nicht einmal für das Deutsche Reich. Bei der Beurteilung der Politik des ersten Reichskanzlers und seiner Nachfolger wird oft nicht genügend gewürdigt, wie sehr sich die Kräfteverhältnisse der europäischen Mächte und ihre Verflechtung mit der Entwicklung der ganzen Welt zwischen 1890 und 1914 änderten, vor allem durch die Stagnation Frankreichs trotz seiner immer noch aktiven Kolonialpolitik, während Deutschland und Rußland ständig stärker wurden und England seine traditionelle Gleichgewichtspolitik in Europa beibehielt.

Mit der Konstellation von 1914 war 1890 noch nicht zu rechnen. Sie auf Dauer zu vermeiden, hätte die Modifikation der Bismarckschen Bündnispolitik in neuen, auf die Entwicklung der ganzen Welt bezogenen Maßstäben erfordert. Das Unglück war aber nicht die Entlassung *Bismarcks* oder der Umstand, daß dieser vielleicht zu lange selbstherrlich regierende Kanzler zur

Unzeit abtrat, sondern die Regierung *Wilhelms II.* Die Spekulation „Was wäre geschehen, wenn...?" mag müßig sein. Sicher ist, daß der spätere Gang der Dinge weder durch wichtige Ereignisse noch durch die bedeutendsten Persönlichkeiten unabänderlich bestimmt wird, sondern daß Möglichkeiten der Entscheidung bleiben. Eines wäre allerdings bei Lebzeiten *Wilhelms I.* ohne Bismarck mit höchster Wahrscheinlichkeit nicht zustande gekommen: der Zweibund von 1879.

Zu einem anderen Kernproblem, der für das Reich schicksalhaft gewordenen richtigen Einschätzung der Macht Englands, muß man leider sagen, daß auch *Bismarck* in dieser Beziehung kaum tiefer gesehen hat als viele seiner Zeitgenossen, mochten sie Staatsmänner sein oder Historiker. Das gilt auch für Persönlichkeiten wie *Paul Hatzfeldt* oder *Jacob Burckhardt.* Holstein hat es schließlich begriffen, ganz allerdings erst, als er schon nicht mehr im Amt war.

Die Umstände der Entlassung des Kanzlers freilich waren wirklich ein Unglück. Nicht in erster Linie wegen der unwürdigen Behandlung eines Mannes von einzigartigen Verdiensten, der, was kein Mensch der Erwähnung wert findet, kaum vierzehn Tage vor seinem fünfundsiebzigsten Geburtstag hinausgeworfen wurde, sondern weil gar nichts geschah, um eine ordnungsgemäße Amtsübergabe und ein Minimum an Kontinuität in der Geschäftsführung zu sichern. Doch in diesem Punkt war *Bismarck* genau so „schuldig" wie die andere Seite.

Das 1736 bis 1739 für *Matthias Johann Graf von der Schulenburg* gebaute Haus an der Wilhelmstraße, 1875/76 als Sitz des Reichskanzlers ausgebaut.

5. Neuer Kurs

Holsteins Position war nach der Entlassung *Bismarcks* unvergleichlich bedeutender als vorher. Als inzwischen dienstältester Rat der Politischen Abteilung hatte er umfassende Kenntnis von allen wichtigen Vorgängen, was ihn dem neuen Kanzler wie dem ebenfalls amtsfremden Staatssekretär *Marschall von Bieberstein* unentbehrlich machte. *Caprivi*, der auch bei *Frau von Lebbin* verkehrte, war Holstein seit Jahren näher bekannt, wie auch Marschall. Dessen Landsmann *Arthur von Brauer*, einer der wenigen Kollegen, die mit Holstein lebenslang in guten Beziehungen standen – er hat die Ehre, in einem Brief aus den letzten Amtsjahren des Geheimrats „alter Kamerad" angeredet zu werden –, berichtet, er habe Marschall bei Holstein eingeführt. Im Amt und vor allem in der Politischen Abteilung war Holsteins Einfluß so groß, daß er ihm nicht genehme Persönlichkeiten fernzuhalten oder gar zu entfernen vermochte. Der einzige bürgerliche Kollege in der Abteilung, der ehrgeizige *Ludwig Raschdau*, der sich bald mit Holstein verfeindete und gegen ihn arbeitete, wurde als Gesandter nach Weimar „verbannt" und quittierte, durch reiche Heirat unabhängig geworden, schließlich mit 48 Jahren den Dienst, als er gegen seine Neigung die Gesandtschaft in Lissabon übernehmen sollte.

Holsteins persönliches Leben, in dem Amtliches und Privates eine untrennbare Einheit bildeten, blieb unverändert. Nur wer ihm gefiel, konnte damit rechnen, empfangen zu werden. Eine Einladung zum Frühstück oder Diner, zu zweit oder in kleinem Kreise, blieb eine Auszeichnung. Sein Dienstzimmer im Amt war übrigens in den sechziger Jahren das Amtszimmer *Bismarcks* gewesen, worauf er stolz war. Gesellschaften, vor allem das Erscheinen bei Hof, mied er nach wie vor. Den Kaiser hat er jedoch nicht erst seit dem berühmten Diner (1904), sondern, wie aus einem Brief an *Eulenburg* hervorgeht, spätestens seit Anfang 1892 von einer zufälligen Begegnung beim Morgenspaziergang her persönlich gekannt. Seine einfache Wohnung in dem heute nicht mehr vorhandenen Haus Großbeerenstraße 40 in Kreuzberg wurde von einer älteren verwitweten Haushälterin betreut, Frau *Julie Röber*, die er bis zu seinem Tode in Dienst behielt. Sie richtete das (erste) Frühstück und manchmal auch eine einfache Abendmahlzeit. Häufig verbrachte Holstein jedoch die Abende, wenn er nicht Borchardt oder ein anderes Restaurant aufsuchte, in den Salons von *Frau von Lebbin* oder einiger anderer Damen: *Radolins* Schwägerin *Mrs. Tyrrell,* Frau *Klotilde von Wedel-Malchow,* der Witwe eines konservativen Reichstagsabgeordneten und Tante Helenes von Lebbin, oder bei Frau *von Hainauer,* der Gattin eines angesehenen Bankiers.

Die wichtigste Auseinandersetzung der ersten Zeit nach *Bismarcks* Abgang hatte Holstein nicht innerhalb der Diplomatie, sondern mit dem Generalstabschef *Graf Waldersee,* der sich immer mehr als ein politischer General erwies. Seine Verbindungen zum Hof wußte er zielbewußt zu nutzen, wobei ihn seine Frau wirksam unterstützte, die Amerikanerin *Mary Esther Lee,* Tochter eines New Yorker Kaufmanns und Witwe eines Augustenburgers, des Fürsten *Noër.*[17a] Es ging um die Militärattachés, die Waldersee vom Auswärtigen Amt unabhängig zu machen suchte. Holsteins Verdacht, der Generalstabschef wolle *Caprivi* verdrängen, war nicht unbegründet. Er versuchte seinerseits, mit Hilfe *Eulenburgs,* Waldersees Stellung beim Kaiser zu untergraben. Dabei kam ihm ein Zufall zu Hilfe. Bei den Herbstmanövern 1890 brachte Waldersee, entgegen Holsteins Verdacht, er tue alles, den Kaiser als Korpsführer gewinnen zu lassen, den Monarchen in eine peinliche Lage. Das genügte, den „jungen Herrn" so nachhaltig gegen Waldersee aufzubringen, daß er ihn nach einigen Monaten, im Januar 1891, als Generalstabschef verabschiedete und zum Kommandierenden General (= Korpskommandeur) in Altona ernannte. Waldersee, der zunächst den Abschied nehmen wollte, fügte sich. Mit *Bismarck*, den er von Altona aus „überwachen" sollte, nahm er nach einiger Zeit freundliche Beziehungen auf. Einfluß erlangte er nicht mehr, und als Oberbefehlshaber des 1900 nach China gesandten europäischen Expeditionskorps hatte er nur eine glänzende Ehrenstellung.

Es war die Außenpolitik, in der es gleich nach der Entlassung *Bismarcks* zu einem deutlichen Kurswechsel kam. Äußeres Zeichen war die Nichterneuerung des Rückversicherungsvertrages mit Rußland. Es dürfte kaum einen Fetzen Papier geben – ein immerhin etwas anrüchiger Geheimvertrag mag mit etwas mehr Recht so genannt werden als, wie 1914 geschehen, eine internationale Neutralitätserklärung –, dessentwegen vergleichbare Kübel von Tinte und Druckerschwärze vergossen wurden. Sie sollen hier nur um einige leider unvermeidbare Tropfen vermehrt werden.

Der Zar hatte sich im Dezember 1889 bereit erklärt, den Vertrag zu erneuern, Verhandlungen aber nicht früher als einige Monate vor dem Ablauf (Juni 1890) gewünscht. Als in den Tagen der Entlassungskrise ihm der russische Botschafter *Graf Paul Schuvalov* am 17. März einen Besuch machte, wollte Bismarck diesem – anders kann man es nicht nennen – aufschwatzen, er werde entlassen wegen seiner Außenpolitik, besonders seiner Politik der Freundschaft mit Rußland. Kurz danach unterbreitete er dem Staatsministerium dieselbe Erklärung. Drei Tage später sagte *Herbert*, um die Unentbehrlichkeit seines Vaters zu demonstrieren, dem Kaiser, der Zar habe den Wunsch der Vertragserneuerung zurückgezogen. Schuvalov, am 21. zum Kaiser gerufen, erklärte, es handle sich nicht um eine Sinnesänderung, sondern nur um Aufschub, bis man wisse, mit wem man zu verhandeln habe. Herbert, der seinen plumpen Versuch, den Kaiser zur Rücknahme der Entlassung zu veranlassen, gescheitert sah, verlangte am Nachmittag seinen eigenen Abschied.

Noch am gleichen Tage erhielt *Caprivi* vom Kaiser Anweisung, Verhandlungen mit Schuvalov aufzunehmen, und am nächsten Morgen legte Holstein dem neuen Kanzler die Dokumente vor. Zwischen Herbert und Holstein kam es deswegen zu einer heftigen Auseinandersetzung. Man scheint die Bedeutung dieses Streites aber wesentlich übertrieben zu haben, denn er hat noch keineswegs zum endgültigen Bruch geführt.

Holstein suchte *Caprivi* im Sinne einer Ablehnung der Vertragserneuerung zu beeinflussen. Am 23. März fragte der Kanzler in einer Besprechung außer Holstein auch *Berchem* und *Raschdau,* die sich in gleichem Sinne äußerten. Die Botschafter *General von Schweinitz* (Petersburg) und *Radowitz* (Konstanti-nopel), die damals auf Urlaub in der Heimat waren, schlossen sich der Meinung an, daß die Erneuerung des Vertrages mit Rußland in der bestehenden Fassung nicht gutzuheißen sei. Caprivi, der sich sehr gewissenhaft mit dem Inhalt der Vertrags-texte vertraut gemacht hatte, und Schweinitz trugen in einer gemeinsamen Audienz ihre Bedenken dem Kaiser vor. Dieser erklärte mit Bedauern, daß die Vertragserneuerung unterbleiben solle.

Holstein gab seine Bemühungen auf, *Herbert* im Amt zu halten, als am 27. März die ebenfalls von ihm geförderte Ernennung *Marschalls* bekannt wurde. Das Doppelspiel ist dadurch zu erklären, daß Holstein seine Position bei beiden gesichert sah, nicht aber bei anderen Kandidaten, die im Ge-spräch waren. Am folgenden Tage fühlte sich Holstein bei einer zufälligen Begegnung durch Herbert brüskiert. Anfang April sandte er ihm, auch unter dem Eindruck eines Gesprächs mit *Bill,* das ihn nicht befriedigt hatte, auf die Einladung zu einem Abschiedsdiner eine kühle Absage. Herberts Antwort darauf läßt erkennen, daß auch er den Bruch nun als endgültig verstand.

Die außenpolitische Wende wird erst deutlich durch ein Nachspiel. Kurz nachdem *Schweinitz* wieder in Petersburg eintraf, am 3. April, sagte ihm der Außenminister *Giers,* er wolle den Vertrag ganz nach den Wünschen Deutschlands erneuern.

Als Schweinitz darauf nicht reagierte, erneuerte Giers sechs Wochen später sein Angebot, wobei er ausdrücklich erklärte, auf die Zusatzprotokolle verzichten zu wollen. Diesmal berichtete Schweinitz sofort nach Berlin, und schon einige Tage später berief *Marschall* eine Konferenz der Räte der Politischen Abteilung, in welcher Holstein erklärte, daß der Orientdreibundvertrag einem Vertrag mit Rußland widerspräche, vor allem jeder geheimen Abmachung. Rußland dürfe nichts in die Hände bekommen, das es als Druckmittel benutzen könne. *Raschdau* gab immerhin die Empfehlung, Deutschland solle nicht einfach ablehnen, sondern Bedingungen stellen, die Rußland nicht annehmen könne. In einem Memorandum für den Kaiser, das *Caprivi* einige Tage später niederlegte, wurde empfohlen, nach einer Erklärung, daß Deutschland gute Beziehungen zu Rußland wünsche, weitere Verhandlungen abzulehnen. Schweinitz wurde beschieden, in diesem Sinne die russische Regierung zu unterrichten.

Rich meint dazu, das sei eine der schicksalhaftesten diplomatischen Entscheidungen gewesen, die je stattfanden. Dem kann man sich nur unter Vorbehalt anschließen, denn der Zweibundvertrag von 1879 und der Abbruch der deutsch-englischen Bündnisverhandlungen nach 1900 waren mindestens ebenso schicksalhaft. Es war ein großer Fehler, die Verhandlungen abzubrechen, statt diese Entscheidung den Russen zu überlassen. Richtig ist auch, daß die Nichterneuerung des Vertrages den „Draht nach Petersburg" wenn nicht abriß, so doch beschädigte, bevor ein Äquivalent durch nähere Verbindung mit England geschaffen war. Es wurde dadurch ein Hindernis weggeräumt, das Rußland bislang von einer Abmachung mit Frankreich zurückhielt. Ob aber ein geheimer Vertrag dies noch lange hätte verhindern können, scheint fraglich. Wenn Deutschland mit Rußland dauernd im Einvernehmen bleiben wollte, konnte es nicht genügen, die Meerengen und Teile des Balkans „freizugeben"; es hätte schließlich die Aufgabe Österreichs bedeutet. Gewiß ist auch, daß bei der Entscheidung von 1890 ein bedenkliches Vertrauen auf die eigene Macht mitspielte, aber noch viel bedenklicher wurde das zehn Jahre später bei den

Verhandlungen mit England. Daß Frankreich und Rußland dem Dreibund gleichgewichtig waren, kann nur mit Einschränkung gelten. Die Erfahrungen des Ersten Weltkrieges sprechen dagegen, trotz des Übergangs Italiens ins andere Lager.

Es ist bekannt, daß *Bismarck* in seiner letzten Amtszeit bei der immer unsicherer werdenden Haltung Rußlands ernstlich versuchte, einen Rückhalt an England zu gewinnen. Basis dazu war das Bestreben, die „deutsch-englische Kolonialehe" (ein Wort von *Herbert Bismarck*) zu festigen und England näher an den Dreibund heranzuziehen. Zu den ersteren Bemühungen gehört der Helgoland-Sansibar-Vertrag, dessen Vorgeschichte in die Bismarckzeit zurückreicht, der aber in der am 1. Juli 1890 unterzeichneten Fassung nicht den Beifall des „Kanzlers ohne Amt" *(Hank)* fand. Gleichzeitige Bestrebungen des Kaisers, auch zu einem besseren Verhältnis zu Frankreich zu kommen, hielt Holstein für verfrüht. Er billigte daher auch nicht den Besuch der *Kaiserin Friedrich* in Paris im Februar 1891, der mit Mißfallenskundgebungen der Pariser endete. Andererseits trug das relativ gute Verhältnis Deutschlands zu England damals dazu bei, eine Lösung Italiens vom Dreibund und dessen Annäherung an Frankreich zu verhindern.

Holstein unterschied sich zwar von dem in den Ruhestand versetzten „großen capo" insofern, als er geheime Verträge ablehnte, stimmte aber darin mit ihm überein, mit den Mitteln der herkömmlichen Kabinettspolitik zu versuchen, zu binden-den Vereinbarungen zu kommen. Im Falle England war es darüber hinaus ihm wie *Bismarck* erwünscht, mit Rücksicht auf die politischen Verhältnisse des Inselreiches zu einer Bestätigung vertraglicher Abmachungen durch das Parlament zu kommen. Wenn er hinsichtlich des zweifelhaften Wertes von Geheimver-trägen „moderner" erscheint als der Meister, zeigt er sich hier ganz als dessen Schüler. Er mußte aber bald erkennen, daß eine so weitgehende Bindung Englands (noch) nicht zu erreichen war. Einen „Sündenbock" glaubte Holstein in *Radowitz* gefun-den zu haben, den er der falschen Behandlung der Türken bezichtigte und verdächtigte, den Mittelmeerinteressen Englands im Wege zu sein. Es gelang ihm mit Hilfe *Hatzfeldts*, der sich von seiner Stambuler Zeit her des besonderen Vertrauens des Sultans *Abdul Hamid II.* erfreute, 1892 seine Absichten durchzusetzen. Sein Freund *Radolin* wurde nach Konstantinopel berufen und Radowitz nach Madrid versetzt. Einige Zeit vorher hatte es Holstein erreicht, auch den unliebsamen *Rantzau* aus München wegzubringen, wo *Eulenburg* der Nachfolger wurde.

Die Chance, ein Übereinkommen mit England zu erreichen, verringerte sich infolge eines Regierungswechsels weiter. *Salisbury* wurde durch das letzte (vierte) Kabinett *Gladstone* ersetzt. Dies und die inzwischen zustande gekommene Annäherung zwischen Frankreich und Rußland bewog Holstein vorübergehend, seine Haltung gegen letzteres zu ändern. Als 1893 der Kaiser dem damaligen Zarewitsch *Nikolaus* erklärte, Deutschlands Allianzen hätten strikt defensiven Charakter, war das ganz in Holsteins Sinne, aber bei seiner unveränderten Grundhaltung zur Donaumonarchie – Österreich müsse mit oder ohne Vertrag so lange wie möglich erhalten werden, schrieb er damals – war eine Änderung der Haltung Rußlands, das 1894 eine Defensivallianz mit Frankreich schloß, nicht zu erreichen. Gewiß war auch das Ziel, England näherzukommen, noch nicht erreicht, doch war in dieser Hinsicht alles offengeblieben. Sowohl den russisch-englischen Gegensatz als auch die Position Deutschlands in der Welt, damals wie ein halbes Jahrzehnt später, überschätzt zu haben, ist die historische „Schuld" Holsteins. Es ist die der verantwortlichen Politiker der Jahrhundertwende überhaupt. Um den Preis, den Deutschland 1894 für eine Wende der russischen Politik hätte zahlen müssen, wäre aber auch *Bismarck* nicht herumgekommen. Er war nicht eine Frage von Personen, sondern von Sachen; es handelte sich nicht nur um eine Öffnung der Meerengen oder eine Teilung der Türkei, sondern auch des Donauraumes. Der Unterschied in der Haltung Holsteins zu der von Vater und Sohn Bismarck in dieser entscheidenden Frage ist: *Er* wollte diesen Preis gar nicht, der alte Bismarck ihn eventuell, *Herbert* aber leichten Herzens als frère et compagnon zahlen. Der Verfasser bedauert, ein solches Geschäft keinesfalls wünschbar zu finden, versichert andererseits gern, daß er in der Vermeidung eines Krieges gegen Rußland Ende der achtziger Jahre eines der erfreulichsten Ergebnisse der Bismarckschen Politik sieht. Wie eine Vernichtung und Teilung Österreichs waren eine Vertreibung der Russen aus Polen oder gar eine Ausdehnung Deutschlands im Baltikum sehr fragwürdige Gewinne. Das wirkliche Interesse aller drei Kaiserreiche war die Erhaltung des status quo in Osteuropa. Die Erhaltung Österreichs und der bestehenden Verhältnisse im östlichen Mittelmeer verstärkte aber auch, so lange keine zusätzlichen Differenzen auftraten, den „Draht nach London". Wenn ihm auch erhebliche Rechenfehler unterliefen, so tat Holstein doch alles, diesen zu erhalten.

Es ist ebenso bezeichnend für die neunziger Jahre wie für das ganze 19. Jahrhundert – hier als der Zeitraum von 1815–1914 verstanden –, daß die Macht Englands, wohlverstanden auch die der britischen Seemacht, von manchen durchaus urteilsfähigen Persönlichkeiten verhältnismäßig gering eingeschätzt wurde. So meinte *Hatzfeldt* im Februar 1894, im Mittelmeer könne England einem gemeinsamen Angriff der Flotten Rußlands und Frankreichs nicht widerstehen und die gewaltsame Öffnung der Meerengen nicht hindern. England werde daher genötigt sein, sich entweder mit Frankreich oder mit Rußland zu verständigen, falls ihm der Dreibund nicht mehr genug Sicherheit biete. Hätte man solche Besorgnisse wirklich so ernst nehmen müssen, wie sie klangen, so wäre die seit dem Krimkrieg von England betriebene Politik der splendid isolation völlig unverständlich. Bei dem Stand, den die Schiffbautechnik bis etwa 1890 erreicht hatte, war eine zeitweilige maritime Überlegenheit anderer Mächte leicht aufzuholen. In den sechziger Jahren besaß Frankreich eine der englischen nahezu ebenbürtige Flotte, ohne daß dies auf der Insel als sonderlich störend empfunden wurde. Die technische Entwicklung gegen Ende des Jahrhunderts, die zum Bau und zur Ausrüstung großer Schiffseinheiten nicht mehr einige Monate, sondern mehrere Jahre erforderlich machte, schuf eine ganz neue Lage.

In der Außenpolitik bezeichnet weder das Ende der Kanzlerschaft *Caprivis* und die Ernennung *Hohenlohes* im Oktober 1894 eine Zäsur, noch war in dieser Hinsicht die Amtszeit des zweiten Kanzlers durch dauernde Wendungen oder gar Frontwechsel gekennzeichnet, wie seine Innenpolitik. Diese führte von Krise zu Krise. Im Innern erscheinen die viereinhalb Jahre der Regierung Caprivis als eine der unruhigsten Perioden der Zeit *Wilhelms II.* Eine der Ursachen solcher Unruhe war der Kampf um eine gewisse Umgestaltung der Armee, vorerst die Frage des Übergangs von der drei- zur zweijährigen Dienstzeit. Durch den ihm wohlbekannten neuen Generalstabschef Graf *Alfred von Schlieffen* suchte Holstein Caprivi zu stützen, der mehr als ein halbes Dutzend Mal dem Entschluß, seinen Abschied einzureichen, nahe war. Wenn sich in Holsteins Nachlaß nur ein einziges kurzes Briefchen von der Hand Schlieffens gefunden hat, so ist doch der Inhalt bezeichnend. Der Generalstabschef fragt nämlich, ob er Holstein „zur gewohnten Zeit" aufsuchen dürfe. Es ist bekannt, daß beide auch bei *Frau von Lebbin* sich häufig sahen. Das Zusammenwirken beider mochte zur Zeit Caprivis von noch verhältnismäßig geringer Bedeutung sein. Beträchtliches Gewicht bekam es in der Krisensituation von 1905/06.

Seine zunächst günstige Meinung über den Kaiser änderte Holstein bald. Schon im März 1892 verglich er ihn in einem Brief an *Eulenburg* mit *Ludwig XVI.* Der Kaiser handle nicht, wenn es nötig sei, höre auf Flügeladjutanten und gebe Einflüssen anderer nicht verantwortlicher Persönlichkeiten nach. Andererseits befürchtete Holstein ständig, es könne zu einer Aussöhnung des Kaisers mit *Bismarck* kommen, sei es auch auf dem Umwege über *Herbert*, der eine Botschaft erhalte oder auf anderem Wege wieder Einfluß erlange. Als Herbert, inzwischen 43jährig, sich 1892 mit der ungarischen Gräfin *Marguerite Hoyos* verlobte – eine Verbindung mit der geschiedenen Fürstin *Elisabeth Schoenaich-Carolath* geborenen *Hatzfeldt-Trachenberg* hatte der Vater 1881 verhindert –, und der Kaiser dazu einen freundlichen Glückwunsch sandte, erhielt diese Befürchtung neue Nahrung. Auf Holsteins Einfluß gehen die Bemühungen der Regierung zurück, der Reise Bismarcks zur Hochzeit nach Wien jegliche auch nur offiziöse Bedeutung zu nehmen. Dazu gehört der „Uriasbrief" *Caprivis,* das mit einer Erklärung an die Presse verbundene Verbot der Teilnahme von Botschaftsangehörigen an der Hochzeitsfeier, sowie endlich ein persönliches Schreiben *Wilhelms II.* an Kaiser *Franz Joseph,* um einen Empfang des ehemaligen Kanzlers am Hofe zu verhindern. Es dauerte indessen nur noch wenig mehr als ein Jahr, bis es zu einer von einem Großteil der Öffentlichkeit gewünschten, bei den Regierenden aber gefürchteten „Aussöhnung" des Kaisers mit dem „Reichsgründer" kam.

Mit ihr ist zeitlich und sachlich eine der interessantesten Pressefehden der wilhelminischen Zeit verbunden, die sogenannte Kladderadatschaffäre. Um die Jahreswende 1893/94 begann das Berliner politische Witzblatt „Kladderadatsch" einen Feldzug gegen Holstein und einige seiner Vertrauten. Die Sache fing am Weihnachtsabend mit einem Artikel „Ein vierter Mann zum Skat" an, der für Geheimrat von Austernfreund (= Holstein), Geheimrat Spätzle (= *Alfred von Kiderlen-Wächter*) und Graf Troubadour (= *Eulenburg*) gesucht werde. Der Vierte war *Axel Freiherr von Varnbüler,* Bruder der *Frau von Spitzemberg,* seit kurzem württembergischer Gesandter in Berlin, ein naher Freund Eulenburgs. Eulenburg stand damals vor der Ernennung zum Botschafter in Wien, wo er den Prinzen *Heinrich VII. Reuß,* einen Bismarckfreund, ersetzen sollte. Bis zum April 1894 wurden die Angriffe in zahlreichen Nummern des Blattes fortgesetzt. Holstein, der die Sache von Anfang an recht ernst nahm, fand bald, der Kaiser unterschätze die Presse in ganz unvertretbarer Weise, lasse seine Diener im Stich, und die Polizei versage. Anderswo kenne man in solchen Fällen in kurzer Zeit die Hintermänner. Er riet auf *Herbert Bismarck* oder auf den Grafen *Guido Henckel-Donnersmarck,* einen schlesischen Magnaten, Bankier und Großindustriellen, einen entschiedenen Bismarckianer. Der Graf hatte 1870/71 neben *Bleichröder* den Kanzler in Fragen der französischen Kriegsentschädigung beraten. Eulenburgs Bemühung beim Kaiser, er möge Holsteins Position durch eine eindeutige Kundgebung stärken, etwa durch eine Ordensverleihung, blieb ohne Erfolg. Stattdessen kam die „Aussöhnung" mit den Bismarcks zustande.

Mitte Januar war *Herbert Bismarck* zum „Ordensfest" (des Schwarzen Adlerordens) eingeladen, vom Kaiser, der unmittelbar an ihm vorbeiging, aber nicht angeredet worden. Um dem Eindruck zu begegnen, es habe sich um einen bewußten Affront gehandelt, schickte der Kaiser am nächsten Tage einen Flügeladjutanten, den später in die Eulenburgprozesse verwickelten Grafen *Kuno Moltke*, mit einer Flasche alten Rheinweins nach Friedrichsruh und ließ *Bismarck* zu seinem (des Kaisers) Geburtstag, dem 27. Januar, nach Berlin einladen. Dieses Vorgehen, eine der nun schon nicht mehr seltenen „Plötzlichkeiten" des Monarchen, mußte als ein Schlag gegen *Caprivi* und den Neuen Kurs erscheinen. Holstein ließ daher in der Presse erklären, die Einladung sei im Einvernehmen mit der Regierung ergangen. Obwohl der Kaiser schon im Februar Bismarck einen Gegenbesuch machte, stellte sich die Grundlosigkeit der Beunruhigung bald heraus.

Unmittelbar nach diesem Gegenbesuch griff der „Kladderadatsch" Holstein und *Kiderlen,* den damaligen Gesandten bei den Hansestädten und anderen norddeutschen Staaten und häufigen Begleiter des Kaisers auf Reisen, direkt an. Jetzt verlangte Holstein von *Herbert Bismarck*, an den er sich bereits im Januar gewandt hatte, eine verbindliche Erklärung und kündigte für den Fall der Weigerung eine Forderung an. Herbert kam dem durch eine Notiz in den „Hamburger Nachrichten", dem Leibblatt seines Vaters, binnen weniger Tage nach. Holstein versicherte sich indessen für sein weiteres Vorgehen einer Autorität in Ehrensachen, des Generals *Moritz Freiherr von Bissing* (früher Oberst des Regiments Gardes du corps, im Weltkrieg Generalgouverneur von Belgien). Wenig später weitete der Redakteur *Dr. Polstorff* die Fehde durch eine Zuschrift an die „Frankfurter Zeitung" aus. Da er sich weigerte, seine Äußerungen zurückzunehmen, wurde er von *Kiderlen* gefordert. Holstein, der inzwischen seiner Sache gewiß zu sein glaubte, forderte Ende März *Graf Henckel.* Dieser, der *Walder-*

see zum Sekundanten genommen hatte, schickte einige Tage später *Eulenburg* eine eingehende Erklärung zur Vorlage beim Kaiser, der endlich in einem Telegramm eindeutig seinen Beifall zum Vorgehen seiner Getreuen bekundete. Der Streit zwischen Holstein und Henckel wurde 1898 beigelegt, auch durch Vermittlung Eulenburgs. Der zeitweilig vom Hof verbannte und keineswegs allgemein geschätzte Graf Henckel (*Frau von Spitzemberg* nennt ihn einen „Erzschleicher") wurde 1900, gleichzeitig mit Eulenburg und mehreren andern, in den Fürstenstand erhoben. Obwohl Holstein eine Schießerei mit einem Redakteur nicht standesgemäß fand, kam es unter dem Druck des Kaiserlichen Hauptquartiers Anfang April zu dem Duell Kiderlen-Polstorff, wobei letzterer schwer verwundet wurde. Kiderlen wurde nach einigen Wochen Festungshaft im „Kaiserlichen Gefolge" wieder in Gnaden aufgenommen.

Das Verhalten Holsteins kann in diesem Falle weder übertriebenem Mißtrauen noch unverhältnismäßiger Rachsucht zugeschrieben werden. Sowohl *Herbert Bismarck* als auch *Henckel* mochten hinter den Angriffen stehen. Tatsächlich gingen sie von einem „insider" aus, dem in der Rechtsabteilung tätigen Legationsrat *Ernst von Bothmer,* der von *Raschdau* und dem Herausgeber der „Zukunft", *Maximilian Harden,* unterstützt wurde. Bothmers Versuch, mit Hilfe Raschdaus in eine bessere diplomatische Position zu kommen, mißlang ebenso wie dessen Bestreben, Holsteins Stellung zu untergraben. Bothmer schied wie Raschdau vorzeitig aus dem Auswärtigen Dienst; er endete 1906 durch Selbstmord. Auf Eulenburgs Vorschlag, er möge sich vom Kaiser zum Direktor der Politischen Abteilung und zum Personalchef im Auswärtigen Amt ernennen lassen, ging Holstein nicht ein. Die Position des Staatssekretärs *Marschall* wäre sonst unhaltbar.

Inzwischen hatte sich der Kaiser innenpolitische Vorstellungen zu eigen gemacht, die denen *Bismarcks* in der Entlassungskrise nahekamen. Jetzt war nicht mehr von Entgegenkommen gegenüber den Arbeitern die Rede, sondern von Gewaltmaßnahmen zur Bekämpfung des „Umsturzes". Anarchistische Gewalttaten im Ausland, in Italien ein mißglücktes Attentat auf *Crispi* und in Frankreich die Ermordung des Staatspräsidenten *Carnot,* verstärkten diese Haltung. Holstein bedauerte solchen Wandel. Die bisherige Politik habe das Vordringen der Sozialisten – ein Jahrzehnt später nennt er diese „fett und halb loyal geworden" – gebremst. Der Weg der Gewalt aber werde nach Canossa führen, das heißt zur Rückberufung der Bismarcks. Diesmal ließen sich die Dinge für *Caprivi* nicht mehr einrenken, aber auch sein Rivale, der seit 1892 als preußischer Ministerpräsident amtierende Graf *Botho Eulenburg*, Philipps Vetter, der härter vorgehen wollte als der Kanzler, erreichte nicht sein Ziel. Ende Oktober 1894 wurden beide vom Kaiser entlassen.

Die Wahl des Nachfolgers *Caprivis*, des bereits fünfundsiebzigjährigen Fürsten *Chlodwig zu Hohenlohe-Schillingsfürst,* seit 1885 Statthalter in den Reichslanden, war eine Überraschung sowohl für die Öffentlichkeit als auch für den Berufenen selbst. Diesmal hatte Holstein auf die Kanzlerernennung entscheidenden Einfluß. Nachdem er 1876 Paris verlassen hatte, war er mit Hohenlohe ständig in enger Verbindung geblieben. Er hatte ihm in der letzten Zeit der Herrschaft *Bismarcks* wiederholt wirksam beigestanden, so als wegen der Elsaßpolitik ein Konflikt zwischen Kanzler und Statthalter drohte. Holstein mahnte Hohenlohe damals, rechtzeitig die Entscheidung des alten Kaisers zu verlangen, zu dem er – als Statthalter mit dem Kanzler in gleichem Range – direkten Zugang hatte. Daß der alte Fürst gegen den Widerstand seiner Frau seinen glänzenden Posten in Straßburg verließ – seine dortigen Einkünfte beliefen sich auf das Doppelte derjenigen eines Botschafters und das Vierfache derjenigen des Kanzlers –, ist nicht leicht zu verstehen. Finanzielle Gründe bestanden nicht mehr, da er inzwischen die seiner Frau durch Erbschaft zugefallenen riesigen Güter in Litauen nutznießen konnte. Es schien zweifelhaft, daß er trotz seiner unstreitigen diplomatischen und administrativen Erfahrung der Arbeits- und Nervenbelastung des Kanzleramtes noch gewachsen sei. Seine Berufung wurde daher allgemein als Übergangslösung verstanden. Es gehört zu den Merkwürdigkeiten der Regierung *Wilhelms II.*, daß dieser Zwischenzustand

Die „lebendige Mainbrücke": *Fürst Chlodwig zu Hohenlohe-Schillingsfürst,* bayerischer Ministerpräsident, Botschafter, Statthalter der Reichslande, Reichskanzler.

immerhin sechs Jahre dauerte. Sein Glück erfuhr der neue Kanzler, der ohne Angabe eines Grundes urplötzlich nach Berlin gerufen wurde, unterwegs aus den Zeitungen. Von Holstein wurde er am Hintereingang der Kanzlervilla zur Übermittlung der ersten Informationen – man möchte lieber sagen: Instruktionen – empfangen. Neben Holstein war *Eulenburg,* der in diesem und in anderen Fällen dem Kaiser die Vorschläge seines Freundes übermittelte, mit dieser Berufung, bei der auch er kräftig mitgeholfen hatte, zufrieden. Sie garantierte den Fortbestand auch seines Einflusses.

Obwohl Holstein mit *Hohenlohe,* sofern dieser in Berlin war, jederzeit Verbindung aufnehmen konnte, bediente er sich auch ihm gegenüber häufig eines Mittlers. Das war weniger Hohenlohes Sohn *Prinz Alexander,* der, wenigstens nach seinen späteren Veröffentlichungen, ebenso wie seine Mutter Holstein nicht sonderlich mochte, sondern in erster Linie ein Freund des Hauses Hohenlohe, der polnische Großgrundbesitzer *Graf Bogdan Hutten-Czapski.* Er diente als Kavallerieoffizier, brachte es im Soldatenberuf zwar nicht weiter als bis zum Oberstleutnant, verfügte aber dank vieler gesellschaftlicher Verbindungen und hoher ziviler Würden – er war Mitglied des preußischen Herrenhauses, Schloßhauptmann von Posen und im Weltkrieg Kurator der Warschauer Hochschulen – über vielfältige Wirkungsmöglichkeiten.

Bei seiner ersten Unterredung mit *Hohenlohe* drängte Holstein, beim Kaiser die Beibehaltung *Marschalls* durchzusetzen. Der Erfolg seiner Bemühungen gab Holstein die Gewißheit, daß seine eigene Stellung im Amt völlig unangefochten war. Tatsächlich war sein Einfluß in den drei ersten Jahren der Kanzlerschaft Hohenlohes am größten.

Mit dem Kaiser gab es bald Schwierigkeiten wegen seines Wunsches, für Deutschland einen Hafen in Ostasien zu erwerben, und zwar hauptsächlich mit Hilfe Rußlands. Diese Bestrebungen führten zu Versuchen, ein Zusammenwirken der Kontinentalmächte Rußland-Deutschland-Frankreich zustande zu bringen, mit dem Ziel, Wünsche in Übersee auch gegen den Willen Englands durchzusetzen. Weder mit einem Kontinentalbund noch mit überseeischen Erwerbungen waren Deutschland jedoch große Erfolge beschieden. Auch das Zusammenwirken mit Frankreich und Rußland gegen eine Vergrößerung des japanischen Einflusses auf dem asiatischen Festland nach dem Ende des chinesisch-japanischen Krieges (1895) brachte zunächst nichts ein als eine Verschlechterung der bis dahin ausgezeichneten Beziehungen zu dem ostasiatischen Inselreich. Die Russen fürchteten, in ihrer Einflußsphäre einen unerwünschten Konkurrenten zu bekommen. Holstein war zwar dafür, ein Festsetzen Japans auf dem Festlande zu verhindern, nicht aber für den Erwerb eines deutschen Stützpunktes.

Die ostasiatischen Fragen wurden bald überschattet durch die Entwicklung in Südafrika und im Nahen Osten. *Salisbury*, der Mitte 1895 wieder zur Macht kam (bis 1902), erwog den Plan einer Teilung der Türkei, und in Südafrika verschlechterte sich das Verhältnis der Burenrepubliken zur britischen Schutzmacht. Der Kaiser, seit einem Besuch in England über Salisbury verärgert, wünschte nun offen eine Annäherung an Rußland und sprach sich dafür aus, Österreich zu Konzessionen zu veranlassen. Diese zeitweilige russische Neigung des Kaisers suchte Holstein durch ein Memorandum zu bekämpfen. Er führte darin aus, Rußland sehe in Deutschland keinen Bündnispartner, solange es nicht auf einen Stand zurückgeworfen sei, der dem Preußens nach dem Frieden von Tilsit entspreche. Holsteins Ziel war weiterhin, zur Erhaltung und Festigung des Dreibundes Garantien von England zu bekommen. Eine Alternative sah er nur im Zustandekommen eines Kontinentalbundes. Diese Gedanken legte er *Eulenburg* in einem Brief vom 2. Januar 1896 dar, gerade zu dem Zeitpunkt, in dem es durch die Krügerdepesche zu einer ernsten deutsch-englischen Spannung kam. Mit dieser Depesche, einem am Vormittag des 3. Januar 1896 abgesandten Glückwunschtelegramm des Kaisers an Präsident Krüger zur Abwehr des Jameson-Raids, des Einfalls irregulärer Verbände in das Gebiet der Republik Transvaal, hatte Holstein nichts zu tun. Er hat auch an der vorhergehenden Konferenz des Kaisers mit

Hohenlohe, Marschall und einigen Admiralen nicht teilgenommen. Der Text wurde vom „kleinen Kayser" entworfen, inzwischen Direktor der Kolonialabteilung des Auswärtigen Amtes, der, wie Holstein, in einem Nebenraum wartete. Marschall schob Einwendungen Holsteins beiseite mit der Bemerkung, es werde viel Schlimmeres vorgeschlagen. Der Text wurde vor der Absendung auf Wunsch des „großen Kaisers" verschärft. Die Wirkungen sind bekannt. In England, wo der Jameson-Raid keineswegs allgemeine Zustimmung gefunden hatte, kam es zu einem Sturm der Entrüstung, vor allem gegen den Kaiser selbst.

Gleichzeitig mit diesem Ereignis suchte Österreich die Bindungen an England durch Erneuerung und Erweiterung des Orientdreibundvertrages von 1887 zu festigen. Holsteins Ansicht dazu war, daß nur die Überzeugung, der Dreibund werde die Meerengen nicht ohne England gegen Rußland verteidigen, britische Hilfe sichern könne. Er befürchtete einen Ausgleich zwischen England und Frankreich. Diese Besorgnis wurde dadurch zerstreut, daß England begann, im Sudan einzugreifen, aus dem Ägypten seit mehr als einem Jahrzehnt durch die Anhänger des (1885 gestorbenen) *Mahdi* verdrängt worden war. Diese Wendung führte zwei Jahre später zur Vernichtung der Mahdisten („Derwische"), zur Begründung des anglo-ägyptischen Sudan und in der Faschoda-Affäre[18] zu einem ernsten britisch-französischen Konflikt.

Eine rasche Beruhigung der deutsch-englischen Beziehungen wurde verhindert, weil die Verwirklichung des Lieblingsplans des Kaisers, eine große deutsche Kriegsflotte, begann. Um sie bauen zu können, wurde 1898 das erste Flottengesetz erlassen, das der im Vorjahr zum Chef des Reichsmarineamtes berufene Admiral *(von) Tirpitz* energisch betrieb.

Holsteins Meinung über den Kaiser verschlechterte sich weiter, was er *Eulenburg* nicht verhehlte. Im Kaiser sei nichts von Energie, sondern nur pathologische Aktivität und Rastlosigkeit, schrieb er im Februar 1897, doch schon lange vorher, Ende

1894, hatte er darauf hingewiesen, daß der Kaiser mehr und mehr mit *Ludwig II.* von Bayern – bei anderer Gelegenheit wird auch *Friedrich Wilhelm IV.* erwähnt – verglichen werde. Damals hatte er auch vorgeschlagen, Eulenburg solle das Ministerium des königlichen Hauses übernehmen. Der Kaiser lehnte das aber ab, da sein Freund nichts von Finanzen verstehe. In dieser Zeit begann Eulenburg, der sich selbstverständlich dem Kaiser weit mehr verbunden fühlte als dem ständig drängenden und mahnenden Holstein – der damals schon von einem Operetten-regiment sprach, das ein europäisches Volk Ende des 19. Jahrhunderts nicht mehr lange dulden werde –, seine Haltung zu ändern. Er fand, Holstein beginne, seine oberste Pflicht als preußischer Edelmann zu vergessen. Der Kaiser als König von Preußen sei ein Herr, der autokratisch regieren könne, und er, Eulenburg, sehe seine Aufgabe darin, stets ein treuer Vasall zu sein. Holstein, die Differenzen unterschätzend, glaubte sich weiter Eulenburgs wie bisher bedienen zu können. Er fühlte sich dadurch beruhigt, daß Eulenburg – wie er selbst – die Notwendigkeit betonte, *Hohenlohe* zu stützen. Eulenburgs Meinung, ein glücklicher Krieg werde vieles lösen und die bestehenden Verhältnisse sichern, teilte Holstein nur für den Fall, daß Deutschland, wie 1870, nicht als Angreifer dastehe. Er sei loyaler Royalist, sehe aber nicht wie Eulenburg alles aus der Nähe und nur den einzelnen Berg, sondern von weitem und das ganze Gebirge. Er suchte damals auch den jüngeren *Bernhard von Bülow*, nun Botschafter in Rom, zu beeinflussen, in seinem Sinne auf Eulenburg einzuwirken.

Um zu bekunden, daß er mit *Bismarck* gute Beziehungen unterhalten wolle, begab sich *Hohenlohe* Anfang 1895 nach Friedrichsruh. Die kurz vorher vom Kaiser geäußerte Idee, Bismarck zum Vizepräsidenten des preußischen Staatsministe-riums zu ernennen, veranlaßte Holstein, seinen Abschied einzureichen. Hohenlohe appellierte an den Geheimrat, ihn nicht im Stich zu lassen. Wie weit sich *Eulenburg* aber bereits von Holstein abgewandt hatte, zeigt ein Brief an den Kanzler, er müsse auch ohne *Marschall* bleiben, dessen Nachfolger solle *Bülow* sein, Holstein eventuell den Abschied nehmen. Marschalls Position erwies sich jedoch noch als einigermaßen fest. Zum Bruch kam es jedoch mit zwei anderen hohen Amtsträgern, dem preußischen Innenminister *Köller,* früher Staatssekretär in den Reichslanden, und dem Kriegsminister *Walter Bronsart von Schellendorf,* Bruder des schon erwähnten *Paul von Bronsart.* Stein des Anstoßes war die Militärstrafprozeßordnung. Der Kaiser wünschte die Beibehaltung des nichtöffentlichen Verfahrens, das Ministerium aber war für eine Änderung. Während Bronsart sich seinen Kollegen anschloß, teilte Köller den Standpunkt des Kaisers. Nur dadurch, daß Hohenlohe und das ganze Ministerium sich gegen Köller solidarisch erklärten und gemeinsamen Rücktritt androhten, wurde der Kaiser bewogen, den Innenminister zu entlassen (Dezember 1895). Acht Monate später, im August 1896, mußte nach weiteren Auseinandersetzungen auch Bronsart gehen.

Eulenburg sah seine Aufgabe zunehmend darin, nicht mehr auf den Kaiser, sondern auf Holstein mäßigend einzuwirken. Als der Kaiser in den Tagen der Entlassung *Köllers* – von der Bismarckpresse zu einem Feldzug gegen das Staatsministerium genutzt – in Friedrichsruh einen Besuch machte, schrieb Holstein an Eulenburg, er möge sich vorsehen, nicht einst als der böse Geist des Kaisers dazustehen, wenn dieser falsche Wege einschlage. *Hohenlohe* müsse bewußt gemacht werden, daß er Kanzler und nicht Hofmarschall sei. Das blieb nicht ohne Erfolg. Im Mai 1896 erwiderte der alte Fürst auf Vorhaltungen Eulenburgs, den Wünschen Seiner Majestät müsse mehr Rechnung getragen werden, er (Hohenlohe) sei nicht Kanzleirat, sondern Reichskanzler und müsse wissen, was er zu sagen habe. Holstein kommentierte das: auf Hohenlohe habe der Kaiser zu hören und nicht auf irgendwelche Adjutanten. Regelmäßige Audienzen von Kanzler und Staatssekretär seien notwendig. Er selbst (Holstein) sei mehr als je entmutigt, denn dem Kaiser mangele es an politischem Urteil.

Eulenburg erwiderte, er könne den Kaiser nicht verletzen, denn er sei sein Freund, und darum mache er Politik in dem wahren Sinne des Wortes als einer Kunst des Möglichen und nicht des Unmöglichen. Holstein wieder schrieb an *Hohenlohe*, der Kanzler müsse dem Kaiser klarmachen, daß eine direkte Einmischung in diplomatische Angelegenheiten unmöglich sei, und, wenn dies nicht helfe, den Abschied nehmen. Eulenburg, der sich nicht genierte, auf die Möglichkeit der Wiederberufung *Bismarcks* hinzuweisen, rief *Bülow* zu Hilfe. Dieser erklärte jedoch, bei einem gleichzeitigen Rücktritt von Hohenlohe, *Marschall* und Holstein entstünde eine gefährliche Lage. Das beste Mittel sei, Holsteins übertriebene Befürchtungen zu zerstreuen. Andererseits empfahl er Eulenburg, dem Kaiser klarzumachen, daß seine Äußerungen wie das Läuten der großen Kremlglocke sein müßten, das nur zur Ankündigung besonderer Ereignisse ertöne. Eulenburg befolgte den Rat, verwandte aber statt der Kremlglocke das Bild eines Jagdhundes und eines Jägers, die, wenn sie Erfolg haben wollten, nicht unabhängig voneinander einer Fuchsfährte folgen könnten.

Das alles half wenig. Im Februar 1896 schrieb Holstein an *Eulenburg,* es sei seit sechs Jahren sein Ziel, den Kaiser, der kein Gefühl für das Mögliche habe, vor einem politischen Jena zu bewahren. Ein knappes Jahr später stellte er fest, man nehme den Kaiser nicht mehr ernst. Darin liege eine große Gefahr, denn im Ernstfalle werde man ihm nicht mit Vertrauen folgen. Eulenburg verstand wohl, daß die Wünsche Holsteins auf die Entmachtung des Kaisers hinausliefen. Es bedurfte dazu gar nicht mehr eines Vorfalls, wie des Gesprächs am 31. Mai 1897. Als er spät abends Holstein noch im Amt aufsuchte, bekam er statt eines Eingehens auf Kompromißvorschläge massive Vorwürfe zu hören. Vordergründig ging es um *Lucanus,* den Chef des Zivilkabinetts, den Holstein zu entfernen wünschte, in Wirklichkeit um den Kaiser selbst. Holstein, unterstützt von *Alexander Hohenlohe* und *Kiderlen,* verlangte ein Ende der „Kabinettspolitik" des Kaisers, der als das Kind oder der Narr behandelt werden müsse, der er sei. Eulenburg hatte schon früher klar gemacht, daß er als Freund des Kaisers bei solchem Vorhaben nicht mithalten könne. Auch die Möglichkeit einer dauernden Beeinflussung des Herrschers, der inzwischen 37 Jahre alt sei, halte er für gering. Ein Mann in diesem Alter könne nicht mehr durch eine Person erzogen

werden, sondern nur noch durch die Gewalt der Umstände.
– Diese Gewalt hat den Kaiser nach Doorn geführt.

Holstein und *Marschall* opponierten gegen einen raschen
und bedeutenden Ausbau der Flotte. Sie konnten auch *Hohenlohe* zum Widerstand veranlassen. In *Tirpitz* hatte *Wilhelm II.*
aber den Mann gefunden, der ihm half, parlamentarische und
andere Widerstände zu überwinden. Diese „Kurskorrektur"
wurde durch einen Wechsel in der Leitung des Auswärtigen
Amtes und durch andere Personalveränderungen verdeutlicht.
Der Kaiser, der mit Recht im Auswärtigen Amt einen Haupt-
herd des Widerstandes gegen seine Flottenpolitik und gegen ein
Engagement in Ostasien sah, war längst entschlossen, Marschall
loszuwerden. Dieser, der unablässigen Auseinandersetzungen
müde, willigte im Juni in *Eulenburgs* Vorschlag ein, nach einem
längeren Urlaub im Herbst sein Amt niederzulegen. Es war
darüber hinaus Eulenburgs Absicht, *Hohenlohe* zunächst im
Amt zu halten und seinen Freund *Bernhard von Bülow*, in dem
er (wie andere) schon damals den nächsten Kanzler sah, zum
Staatssekretär zu machen. Diese Lösung bewog Holstein, der im
Juni ernstlich an Abschied dachte, zu bleiben. Marschall
– Holstein argwöhnte zeitweise ihn hinter den Kladderadatsch-
angriffen – übernahm im Herbst die Botschaft in Konstantinopel, wo er das Reich fünfzehn Jahre lang vertreten und
internationales Ansehen erworben hat.

Der neue Staatssekretär *Bernhard von Bülow* verstand es
ausgezeichnet, den Kaiser zu nehmen, dem er, im Gegensatz zu
Marschall, nie offen widersprach. Infolge seiner Geschmeidig-
keit in der Behandlung des Monarchen, seiner Anpassungsfähig-
keit in wechselnden Lagen und geschickter Ausnutzung der
Gegensätze zwischen anderen Machtfaktoren im Staate konnte
er sich als Staatssekretär und später als Kanzler zwölf Jahre
halten. Wirkliche staatsmännische Begabung besaß er jedoch
nicht. Holstein, dem er seit Jahrzehnten gut bekannt war und
dem er manches verdankte, sah in ihm schließlich den am besten
geeigneten Kandidaten. Neben dem Wechsel von Marschall zu
Bülow kam es zu Änderungen in mehreren anderen wichtigen

Ämtern. Zwei davon seien genannt. *Bötticher* schied aus der Regierung und wurde Oberpräsident der Provinz Sachsen. Sein Nachfolger als Vizepräsident des Staatsministeriums wurde der vielgewandte Finanzminister (1890–1901) *Johannes von Miquel*, wie *Lothar Bucher* ein alter Achtundvierziger. Staatssekretär des Reichsamts des Innern wurde Graf *Arthur Posadowsky-Wehner*, der in der Sozialpolitik Bedeutung erlangte. Holstein hat auf diese Änderungen keinen Einfluß gehabt.

6. Wider das „Persönliche Regiment"

John Charles Gerald Röhl, der Herausgeber der Eulenburgpapiere, sieht in den Veränderungen des Jahres 1897 nicht eine Stärkung des persönlichen Regiments des Kaisers, das dieser bald nach seiner Thronbesteigung als seine entschiedene Absicht verkündet hatte, sondern dessen förmliche Etablierung. In der Tat erlahmten bisher wirksame Widerstände. So hörte Holsteins Einfluß in innenpolitischen Dingen auf. Ursache dafür waren seine nun offenkundige Entfremdung von *Eulenburg* und die Schwächung der Stellung *Hohenlohes,* der in seinen drei letzten Amtsjahren immer weniger selbst handelte. Es war Eulenburg, der Anfang Januar 1899, in einem Brief an Holstein bedauerte, daß er von diesem nur noch selten etwas Persönliches höre, da die beiderseitige Korrespondenz so sehr abgenommen habe; er äußerte aber seine Genugtuung darüber, daß Holstein so gut mit *Bülow* zusammenarbeite. Er, Eulenburg, sehe mit zunehmendem Alter, wie notwendig es sei, alte Beziehungen zu pflegen, denn neue blieben kühl. Holstein antwortete zwar freundlich, aber bald danach brachen Briefwechsel und persönliche Beziehungen ganz ab. Über die Gründe ist nichts Sicheres bekannt, Holstein scheint jedoch Hohenlohe unterrichtet zu haben. Es ist nicht auszuschließen, daß Bülow der Urheber des Zerwürfnisses war, etwa durch Hinweise an Holstein über Eulenburgs Haltung in der Krise von 1895 und seine damalige Empfehlung, den Geheimrat zu entlassen. Ähnliches Verhalten Bülows in anderen Fällen deutet darauf hin, so bei der Entfernung *Kiderlens* aus dem „Kaiserlichen Gefolge" und bei Holsteins Abschied 1906.

Der „Aal": *Bernhard Fürst von Bülow* (1849–1929), von 1900 bis 1909 deutscher Reichskanzler, nach einer Fotografie aus dem Jahre 1908.

Friedrich von Holstein, nach einer Fotografie aus dem Jahre 1906.

In außenpolitischen Fragen blieb Holsteins Einfluß tatsächlich unvermindert, obwohl auch in dieser Hinsicht die Ernennung *Bülows* zum Staatssekretär und nicht die Übernahme der Kanzlerschaft drei Jahre später eine Zäsur bezeichnet. Holstein blieb Bülow während dessen zwölfjähriger Amtszeit als Staatssekretär und Kanzler, ja noch als er selbst im Ruhestande lebte, ein unentbehrlicher Helfer. Man muß es Bülow bestätigen, daß er Holstein ebenso wie den Kaiser richtig zu behandeln verstand. Beiden schmeichelte er, beide machte er glauben, er tue alles, was er könne, um ihre Wünsche zu erfüllen. Tatsächlich blieb er, obwohl er gewandt im Reichstag und in persönlichen Verhandlungen auftreten konnte, von Holsteins Sachkenntnis und Erfahrung abhängig. Entgegen *Eulenburgs* Vorschlägen änderte er aber im Auswärtigen Amt fast nichts, und in den drei Jahren als Staatssekretär kam er mit Holstein so gut aus, daß er ihm als Kanzler die Nachfolge in der Leitung des Amtes anbot. Holstein, von dem auch wohlmeinende Diplomaten, so der spätere Botschafter *Graf Anton Monts*, schon Jahre zuvor geäußert hatten, er beginne zu altern, lehnte ab, vor allem deshalb, weil er seine Lebensgewohnheiten erheblich hätte ändern, auch ein gewisses Maß an Repräsentationspflichten erfüllen müssen. Es blieb also alles beim alten, so wie es seit den achtziger Jahren unter *Hatzfeldt* und *Herbert Bismarck* war, nur mit dem Unterschied, daß Holstein sich allmählich noch mehr von aller Routinearbeit zurückzog und sich nur mit Dingen befaßte, die er für wesentlich hielt oder die ihn besonders interessierten.

In den ersten Jahren nach dem Krügertelegramm blieben die deutsch-britischen Beziehungen gespannt. Zusätzliche Anlässe gab es neben der Entwicklung in Südafrika genug: gemeinsame Aktionen der europäischen Mächte im griechisch-türkischen Konflikt, der wegen Unruhen auf Kreta ausgebrochen war, Kolonialfragen in Afrika und in der Südsee, und schließlich Ostasien, wo es durch eine deutsch-britische – statt der angestrebten deutsch-russischen – Verständigung zum Erwerb von Kiautschou kam. Rußland fand bei Frankreich keine hinreichende Unterstützung, um die deutsche Erwerbung zu verhindern, die übrigens als Marine- und Handelsstützpunkt stets unter der Verwaltung des Reichsmarineamtes und nicht der Kolonialabteilung des Auswärtigen Amts beziehungsweise des 1907 geschaffenen Reichskolonialamtes stand.

Holstein neigte nun wieder einer Einigung mit England zu. Die Angebote zu Bündnisverhandlungen im Frühjahr 1898 von britischer Seite kamen also nicht zu ungünstiger Zeit. Das galt nicht für die deutsche Öffentlichkeit, die bei dem sich abzeichnenden Konflikt in Südafrika überwiegend auf der Seite der Buren stand und ganz allgemein England nicht günstig gesinnt war. Auch in der Bismarckpresse fand das seinen Niederschlag. In England hingegen wuchs der Wille zur Einigung mit Deutschland durch das weitere Vordringen der Russen im Fernen Osten. Als die Russen den Hafen Port Arthur in Besitz nahmen, besetzte England als Kompensation Wei-hai-wei. Die britisch-deutschen Verhandlungen begannen Ende März während der Diskussion des ersten Flottengesetzes im Reichstag mit einem Gespräch zwischen dem Führer der Konservativen im Unterhaus und stellvertretenden Außenminister *Arthur James Balfour*, einem Neffen Lord *Salisburys*, und *Hatzfeldt*. Wenige Tage später folgte eine Unterredung zwischen diesem und dem Kolonialminister *Joseph Chamberlain*. Chamberlain legte dar, daß die Entwicklung der Weltpolitik es England unmöglich mache, an der splendid isolation weiter festzuhalten. Es wünsche vertragliche Abmachungen mit Deutschland. Diese würden einem Beitritt Englands zum Dreibund gleichkommen. *Bülow* ließ indessen durchblicken, daß er in dem englischen Angebot Bemühungen um Rückendeckung in einem erwarteten britisch-französischen Konflikt sehe. Er und Holstein stimmten in der Meinung überein, England suche einen Partner gegen Rußland. Der Kaiser stimmte ihrem Vorschlag zu, freundliche Beziehungen zu England aufzunehmen, die Entscheidung über eine Allianz aber in der Schwebe zu halten. Hatzfeldt dagegen bedauerte, daß man der zögernden Haltung Salisburys zuviel Gewicht beilege und auf eine Diskussion von Chamberlains Angeboten nicht eingehe. Hatzfeldt wurde damals schon häufig durch Erkrankungen behindert, wodurch sein Botschaftsrat, der als Außenseiter in die Diplomatie gelangte *Freiherr Hermann von Eckardstein,* unverhältnismäßig großen Einfluß erlangte. Eckardstein, der durch Heirat mit einer reichen Erbin eine gewisse Stellung in der englischen Gesellschaft besaß, überschätzte zweifellos seine Möglichkeiten, die Gespräche durch Einflußnahme auf die eigene und die britische Regierung zu fördern. Er hat nach dem Weltkrieg in seinen Erinnerungen sein Handeln zu rechtfertigen versucht und Hatzfeldt wie Holstein die Hauptschuld am Mißerfolg zugeschrieben, wobei die von ihm veröffentlichten Dokumente ihm recht zu geben schienen. Erst durch Publikationen nach dem Zweiten Weltkriege wurden der tatsächliche Ablauf der Geschehnisse und die Motivationen Holsteins klarer.

Eckardstein stellte *Chamberlain* die Haltung Deutschlands und namentlich die des Kaisers in der Bündnisfrage wesentlich günstiger dar, als sie es war. Demnach wünschte der Kaiser ein globales deutsch-englisches Verteidigungsbündnis, wofür er England freie Hand in Ägypten und in Südafrika zugestand. Andererseits schien es Eckardstein, daß England Hilfe suche. Ein neues Gespräch zwischen *Hatzfeldt* und Chamberlain führte nicht weiter, obwohl letzterer, wie er später schrieb, das französische Sprichwort „Le bonheur qui passe" gebrauchte. Andeutungen, daß England, falls es mit Deutschland nicht zu einem Ergebnis komme, eine Übereinkunft mit Rußland anstreben werde, fanden beim Kaiser und bei anderen maßgebenden Persönlichkeiten in Deutschland keinen Glauben, auch bei Holstein nicht. Der Geheimrat wurde durch sein häufig übertriebenes Mißtrauen in der Meinung bestärkt, England wünsche einem Bündnis nicht nur eine Spitze gegen Rußland zu geben, sondern trachte danach, Deutschland in einen Krieg gegen seinen östlichen Nachbarn zu treiben. Ebenso sehr wie er seit einem Jahrzehnt eine Einigung mit England wünschte, schätzte er die englischen Möglichkeiten falsch ein.

Einige Zeit später suchte *Hatzfeldt* vor einer Überschätzung der diplomatischen Gewandtheit *Chamberlains* zu warnen und ihm zu unterstellen, er wolle Deutschland in Verlegenheiten stürzen. Der Kaiser wiederum hielt den britischen Bündniswunsch für ein Zeichen der Schwäche, so daß er den Preis hochtreiben könne. Er glaubte, Diplomatie zu treiben, indem er dem Zaren in einem persönlichen Brief von den britischen Angeboten Mitteilung machte und seinerseits fragte, was Rußland zu bieten habe. Der Zar antwortete, Rußland habe einige Zeit vorher ähnliche britische Angebote erhalten, die jedoch abgelehnt worden seien. Bei diesem kaiserlichen Eingreifen blieb Holstein, im Gegensatz zu anderen Gelegenheiten und auch zu dem diesmal ernstlich erschreckten *Hatzfeldt*, merkwürdig gelassen. Er vermutete, daß die britischen Angebote so seriös nicht seien und möglicherweise die *Kaiserin Friedrich* dahinterstecke. Auch falsches Lernen aus der Geschichte wirkte bei der Beurteilung der Situation mit. Deutschland fürchtete, wie einst *Friedrich der Große* gegen Rußland und Frankreich kämpfen zu müssen, während England sich in der Welt weiter ausdehne. Die Friedrichlegende wird uns in anderem Zusammenhang noch beschäftigen.

Den Bündnisgesprächen parallel liefen Verhandlungen über Kolonialfragen, zunächst über eine mögliche Teilung des beträchtlichen portugiesischen Überseebesitzes. Ihn würde das überschuldete kleine Land, wie man damals und wieder kurz vor 1914 meinte, in absehbarer Zeit nicht mehr halten können. Weitere Gespräche befaßten sich mit dem Schicksal der Samoainseln. Im Frühjahr 1899 versuchte *Hatzfeldt*, ein Samoaabkommen mit der Bündnisfrage in Verbindung zu bringen. Holstein sah in *Salisbury* den Haupturheber der starren britischen Haltung. England, meinte er, wolle Deutschland zum Nachgeben zwingen, wie im Vorjahre Frankreich in der Faschodaaffäre. Hatzfeldt, irritiert wegen solcher Aufregung um einige Südseeinseln, schlug vor, anderswo Kompensationen zu suchen, etwa in Marokko. Holstein wie *Bülow* gingen darauf ein, Salisbury blieb aber auch hier unnachgiebig. Die häufigen Erkrankungen des Botschafters ermöglichten *Eckardstein* ein Walten in mehr als üblichem Umfange und ließen andererseits in Berlin Hatzfeldts Ablösung als erforderlich erscheinen. Dagegen stemmte sich Holstein entschieden, und er wies Hatzfeldts Sohn *Her-*

mann, den späteren ersten *Fürsten Hatzfeldt-Wildenburg,* der in London als zweiter Botschaftssekretär diente, darauf hin, daß, um die Rettung der Position seines Vaters möglich zu machen, vom Botschafter und durch Mittelsmänner alles getan werden müsse, die deutschen Wünsche energisch vorzubringen.

Konzessionswilliger wurden die Engländer nach dem Ausbruch des Burenkrieges im Oktober 1899. Nun trat *Chamberlain* noch mehr in den Vordergrund. Er bot Deutschland mit Wissen und Willen des Premierministers Ausdehnung in Afrika oder den größten Teil der Samoainseln an. Zu *Hatzfeldts* Schrecken wurden Marineinstanzen befragt, die sich gegen eine Aufgabe der Ansprüche auf Samoa aussprachen. Wiederholt drang er in Holstein, ein Übereinkommen mit England sei nicht eine Frage von Flotten-, Handels- und Kolonialinteressen, sondern eine allgemeinpolitische Frage von größter Tragweite für die Zukunft. Wenn man nicht zu einem Übereinkommen gelange, werde sich England wirklich Rußland zuwenden. Obwohl die Kolonialabteilung der Ausdehnung in Afrika den Vorzug gab, neigte der Kaiser der Ansicht der Marine zu und weigerte sich, die Ansprüche auf Samoa aufzugeben. In der Tat kam der größte Teil der Inselgruppe nach einem im November 1899 geschlossenen deutsch-britischen Übereinkommen zum deutschen Kolonialreich. Holstein hoffte immer noch auf mehr. Er sah das Samoaabkommen nur als die erste einer Reihe deutsch-britischer Abmachungen an und erwartete ein Übereinkommen betreffend Marokko, da England, wenn es dort Wünsche habe, deutsche Hilfe brauche.

Während der deutsch-englischen Verhandlungen und dem Ausbruch des Burenkrieges wurde die Diplomatie mit neuartigen Bestrebungen konfrontiert, die seitdem einen wachsenden Teil ihrer Tätigkeit ausmachen: der Frage der internationalen Friedenssicherung durch Abrüstung und Errichtung eines allgemein anerkannten Schiedsgerichts. In einer Zirkularnote machte der Zar im August 1898 den Vorschlag einer internationalen Friedenskonferenz zur Begrenzung der Rüstung. Dem deutschen Kaiser schrieb er, dies werde auch eine Waffe gegen

Sozialismus und Umsturz sein. Holstein bezweifelte zwar, daß die Konferenz viel bewirken werde und überhaupt wünschbar sei, doch schrieb er an seinen Freund *Radolin,* der Mitte der neunziger Jahre die Botschaft in Konstantinopel mit der in Petersburg vertauscht hatte, er sei sicher, der Gedanke der Abrüstung werde nicht mehr sterben.

Deutschland nahm an der ersten Haager Friedenskonferenz teil, die im Mai 1899 begann. Holstein sprach sich aber im Einvernehmen mit der Rechtsabteilung des Auswärtigen Amtes entschieden gegen ein permanentes internationales Schiedsgericht aus. Ein solcher Gerichtshof könne nicht gebildet werden, bevor es einen allgemein verbindlichen Codex internationalen Rechtes gebe. Doch *Bülow,* der deutsche Chefdelegierte *Graf Münster,* damals Botschafter in Paris, *Radolin* und schließlich auch der Kaiser meinten, Deutschland könne nicht gegen die anderen Großmächte und die Weltmeinung das Schiedsgericht ablehnen. Holstein weigerte sich am 21. Juni, Bülows Wunsch nachzukommen, ein Telegramm an den Kaiser zu entwerfen, Deutschland solle den ständigen Gerichtshof akzeptieren. Am folgenden Tage verlangte er seine Entlassung. Dem damaligen Gesandten bei den Hansestädten und baldigen Nachfolger *Hatzfeldts, Graf Paul Wolff-Metternich,* den er seit seiner Pariser Zeit gefördert hatte, setzte er seine Gründe auseinander. Er betonte besonders, er sei müde und überzeugt, das Vertrauen des Kaisers verloren zu haben. *Bülow* suchte ihn umzustimmen. Holstein antwortete jedoch, er sei gewiß, Bülow werde in einer schwierigen Situation nicht standhalten. Da Deutschland jetzt dem russischen Wunsch nachgegeben habe, werde ihm Rußland als nächstes die Freigabe der Meerengen abnötigen. Bülow appellierte an Holstein, das Ministerium, die Politik und die Nation nicht im Stich zu lassen. Um der Meinung zu begegnen, der Kaiser habe kein Vertrauen mehr zu ihm, bemühte er sich um eine besondere Gunstbezeigung. Da Holstein zu Beginn des Jahres zum wirklichen Geheimen Rat mit dem Prädikat Excellenz ernannt worden war und eine Ordensverleihung nicht in Frage kam, vermittelte Bülow das Geschenk eines Bildes des Kaisers mit persönlicher Widmung. Holstein zog sein Entlassungsgesuch zurück, nahm aber für mehrere Monate Urlaub. – Während sich seine Befürchtungen, der Gerichtshof werde eine Gefahr für Deutschlands nationale Interessen sein, nicht erfüllten, erwies die Zukunft, daß seine Besorgnisse hinsichtlich Bülows nur zu berechtigt waren.

Vor einer Reise des Kaisers nach England im November 1899 legte Holstein seine Anschauungen über die deutsch-britischen Beziehungen in einem umfänglichen Memorandum für *Bülow* nieder. Darin hieß es, Deutschland solle, solange unveränderte Beziehungen zu Rußland bestünden, keinen direkt gegen dieses gerichteten Abmachungen zustimmen, da der russisch-französische Zweibund ebenso wie der Dreibund rein defensiven Charakter habe. Der Besuch des Kaisers – Bülow begleitete ihn – war einer der erfolgreichsten, den er England machte. Gespräche mit *Balfour* und *Chamberlain* bestätigten Holsteins Ansicht, daß England an der Atlantikküste Marokkos zu Konzessionen bereit sei. Nur Tanger sei ein Punkt, den England zu kontrollieren wünsche. In der Flottenfrage vermochte Bülow damals wie später den Eindruck zu erwecken, er teile Holsteins Bedenken, eine große Flotte werde jedes Arrangement mit England unmöglich machen und es an die Seite Rußlands und Frankreichs treiben. Nach der Rückkehr aus England verteidigte Bülow aber im Reichstag die Flottenpläne, zu Holsteins herber Enttäuschung.

Am Jahresende kam es zu einem Zwischenfall. England wollte den Hafen Delagoa im Süden der portugiesischen Kolonie Mozambique blockieren, um die Lieferung von Kriegsmaterial in die Burenrepubliken zu verhindern. Es verzichtete nach Verhandlungen zwar auf die Blockade, begann aber, verdächtige Schiffe aufzubringen, darunter den deutschen Dampfer „Bundesrath", der nach Durban gebracht und durchsucht wurde. Dieser Vorfall ließ den Gedanken des Kontinentalbundes wieder in den Vordergrund treten, doch kam es dabei zu keinem Erfolg. Deutschland wünschte von Frankreich die Garantie der Zugehörigkeit Elsaß-Lothringens zum Reich. Holstein fand Grund zu der Klage, daß Deutschland in England wie in Rußland verhaßt und überhaupt nirgends beliebt sei. An *Radolin* schrieb er Mitte des Jahres 1900, er, Holstein, gehöre zu denen, die von der Bismarckpresse als Engländer bezeichnet würden.

Die damalige gemeinsame Aktion der europäischen Mächte in China suchte Holstein zu nutzen, mit England zu einer Übereinkunft über die Politik der „offenen Tür" in Ostasien oder wenigstens über die Freiheit der Schiffahrt auf dem Jang-tse-kiang für alle Nationen zu kommen. England sollte dadurch über deutsche Absichten in China beruhigt und von Vereinbarungen mit Frankreich und Rußland zurückgehalten werden. Die Abmachung, das Jang-tse-Abkommen, wurde am 16. Oktober unterzeichnet. Am nächsten Tage nahm *Hohenlohe,* von seinem Sohn *Alexander* nachdrücklich gedrängt, den Abschied. Der scheidende Kanzler hat die von *Prinz Alexander* vorgebrachten Gründe mit Holstein diskutiert, der nicht umhin konnte, sie alle berechtigt zu finden. In rückblickenden Briefen auf die jahrzehntelange Zusammenarbeit rühmte er Hohenlohes Tätigkeit für das Reich: er sei „eine lebendige Mainbrücke" gewesen. Er teilte ihm auch vertraulich mit, er selbst solle ein höheres Amt übernehmen, das er aber nicht annehme, da er seine Lebensgewohnheiten nicht mehr ändern wolle.

Der neue Kanzler *Bernhard von Bülow* war selbst kein Förderer eines britisch-deutschen Bündnisses, aber auch *Radolin* und selbst *Hatzfeldt* wollten keine Abmachungen mit England gutheißen, die einen Konflikt mit Rußland wahrscheinlich machten. Holstein wünschte das Bündnis, wollte sich aber nicht mit einer deutsch-britischen Absprache begnügen, die Deutschlands bestehende Bündnisse stärkte, indem sie den Dreibund einschlösse. Er wünschte *formelle* Abmachungen Englands mit dem Dreibund. Hatzfeldt, weiter vielfach behindert und häufig in eigenwilliger Form vertreten durch *Eckardstein,* unterstrich *Chamberlains* Warnung, England sei bereit, für ein Abkommen mit Rußland einen hohen Preis zu zahlen, wenn es nicht zu einer Verbindung mit Deutschland und dem Dreibund komme. Der Thronwechsel in England, Januar 1901, hatte auf die weiteren Gespräche keinen sonderlichen Einfluß.

Der bevorstehende Tod der *Königin Viktoria* bewog aber den Kaiser, trotz des gleichzeitigen zweihundertsten Jahrestages der Errichtung des Königreiches Preußen alsbald nach England zu reisen. Warnungen vor etwaigen raschen Zusagen auf englische Vorschläge, die Holstein und *Bülow* ihm nachsandten, erwiesen sich als unnötig. Von offiziellen oder halboffiziellen Gesprächen war keine Rede. Englands Wünsche waren jetzt auch andere als vor Beginn des Burenkrieges. Es ging nun weniger um eine generelle Absprache mit Deutschland als um wirksame Hilfe gegen Rußland.

Holstein begann jetzt, in London vor russischem Drängen zu warnen. Im März wurde *Eckardstein* die Abschrift eines Briefes *Bismarcks* an *Salisbury* vom Nomvember 1887 gesandt, in welchem es hieß, die natürlichen Interessen Deutschlands verlangten eine Zusammenarbeit mit Österreich und England. Wichtigster Gesprächspartner war jetzt nicht mehr *Chamberlain* oder *Balfour*, sondern der Außenminister *Lord Lansdowne,* dem Eckardstein sagen sollte, Deutschland werde sich nur mit Frankreich oder Rußland verbinden, wenn seine natürlichen Alliierten ihm nicht beiständen. Er sollte klarmachen, daß Deutschlands Haltung noch dieselbe sei, erhielt aber gleichzeitig von Holstein die Weisung, nicht von Bündnis zu sprechen. Eckardsteins Mitteilungen über seine Gespräche sind mit großer Vorsicht aufzunehmen. Er hat über englische Initiativen nach Berlin berichtet, während in Wirklichkeit die Anstöße von ihm ausgingen. Holsteins Weisung, in einer bestimmten Situation nicht von Bündnis zu sprechen, heißt nicht, daß er dies nicht (mehr) wollte, sondern, daß er Vorschläge der anderen Seite zu hören wünschte, vor allem endlich eine klare Stellungnahme Salisburys. Der Geheimrat wollte zwar den Dreibund in auszuhandelnde Abmachungen einbringen, war aber andererseits zu Abschlüssen nicht nur mit England, sondern auch mit Japan bereit, das heißt, er wünschte eine wirklich weltweite Zusammenarbeit mit England. Im März berichtete Eckardstein fälschlich, die Verhandlungen stünden vor einem Erfolg. Gerade damals erklärte aber Lansdowne, wegen einer Erkrankung Salisburys könne nicht verhandelt werden. Eckardstein reichte kurz danach seine Entlassung ein, die aber nicht angenommen wurde.

Etwa gleichzeitig wurde der Direktor der Kolonialabteilung, *Dr. Stübel,* nach England gesandt, um wegen der von China zu fordernden Entschädigungssummen zu verhandeln. Mit Stübels Reise und der Ablehnung des Entlassungsgesuchs Eckardsteins wünschte Holstein *Hatzfeldt* zu stützen, dessen Gesundheitszustand ihm die Führung der Geschäfte immer mehr erschwerte. Eckardstein stellte weiter die Aussichten auf einen erfolgreichen Abschluß zu günstig dar. Außerdem verhandelte er mit dem japanischen Botschafter in London, *Hayashi,* – wozu nicht dieser, sondern wieder er selbst den Anstoß gab - über die Möglichkeit eines englisch-deutsch-japanischen Bündnisses, das *Lansdowne* vorgeschlagen werden sollte. Er überschritt damit erneut seine Vollmachten. Hatzfeldt, der nach längerer Abwesenheit im April nach London zurückkehrte, begrüßte russische Vorschläge, denen zufolge die Kontinentalmächte Rußland, Deutschland und Frankreich wenigstens in Ostasien ihre Interessen gemeinsam vertreten sollten, als Druckmittel. Holstein wieder legte in einem langen Memorandum im Mai dar, daß bei einem Erfolg der Bündnisverhandlungen, die durch Vereinbarungen mit Japan ergänzt werden müßten, ein Fünfmächteblock England-Dreibund-Japan entstünde. Der sei dem russisch-französischen Zweibund so überlegen, daß er diesen auch ohne Krieg in die Schranken weisen könne.

Als Mitte Mai auch *Salisbury* in London war, warf *Lansdowne* die Frage auf, was von England erwartet werde, wenn nach dem Tode Kaiser *Franz Josephs* Österreich-Ungarn auseinanderbreche oder wenn Italien mit Frankreich oder Spanien in Konflikt geriete. Danach würden Abgeordnete fragen, wenn dem Parlament die Verträge zur Ratifikation vorlägen. Die öffentliche Meinung sei weder einem Vertrag mit Österreich noch einem mit Italien sonderlich günstig. *Eckardstein* informierte das Auswärtige Amt wieder nicht richtig, sondern erweckte dort auch jetzt den Eindruck, daß die Initiativen zu den neuen Gesprächen nicht von ihm, sondern von den Engländern ausgingen. Hinzu kamen Ungeduld und neue Gereiztheit des Kaisers gegen England. *Wilhelm II.* glaubte, die Engländer zögen die Beendigung der Chinaexpedition in die Länge und wollten Deutschland gegen Rußland vorschicken.

In einer neuen Instruktion an die Londoner Botschaft Mitte Mai legte Holstein dar, daß der Fortbestand Österreichs am besten durch den Dreibund und die Identifikation der Interessen Deutschlands mit denen der Donaumonarchie gesichert werde. Wenn England Bedenken habe, Verpflichtungen einzugehen, die bei Verwicklungen Österreichs oder Italiens wirksam würden, so sei dem entgegenzuhalten, daß die Partner England bei möglichen Konflikten in seinem ganzen Empire beistehen müßten. Das hätten die deutschen Diplomaten England klarzumachen. Auf Wunsch könnten sie die Texte der Dreibundverträge erhalten. *Hatzfeldt* verhandelte daraufhin selbst mit *Lansdowne*, der dabei wohl zum ersten Male genau über Deutschlands Bedingungen und Wünsche unterrichtet wurde. *Eckardstein* hat später auch über dieses Gespräch entstellend berichtet, um *Hatzfeldt* die Schuld am Scheitern der Verhandlungen zuzuschieben. Unmittelbar nach dem Gespräch schöpfte der Botschafter Verdacht, Eckardstein wolle ihn nicht nur vertreten, sondern sein Nachfolger werden. Holstein suchte ihn zu beruhigen und warnte vor einem Bruch mit Eckardstein, da sowohl der Kaiser als auch *Bülow* nur bei Verbleiben dieses Gehilfen den Botschafter auf seinem Posten lassen wollten.

Noch weniger als die deutsche überblickte die englische Regierung den Stand der Verhandlungen, wenn man das Gewirr von unkoordinierten Andeutungen und Einzelgesprächen überhaupt so nennen will. Gerade zu dem Zeitpunkt, als die Dinge soweit gediehen schienen, daß wirkliche Verhandlungen begonnen und das beiderseitige Mißtrauen hätte überwunden werden können, wurden die Kontakte abgebrochen. Zwar wurde durch *Hatzfeldt* mit Zustimmung Holsteins den Engländern ein Brief über den wesentlichen Inhalt einer Verständigung zwischen dem Dreibund und England überreicht, doch brachte dies kein Ergebnis. *Salisbury* ist durch *Lansdowne* erst nach dem Abbruch der Gespräche Ende 1901 in einem ausführlichen Memorandum über den genauen Inhalt der deutschen Vorschläge unterrichtet worden.

Nunmehr war *Hatzfeldts* Stellung trotz der Hilfe Holsteins unhaltbar geworden. Er wurde im Juni für mehrere Monate beurlaubt und danach verabschiedet. Der lange vorgesehene und auch Holstein genehme Nachfolger *Wolff-Metternich* trat sein Amt erst im Herbst an. *Eckardstein* resignierte kurze Zeit danach und schied aus dem diplomatischen Dienst aus. Der Kaiser, der so oft verschwenderisch mit Belohnungen war, doch selten bei wirklich verdienten Männern, nahm vom Abgang Hatzfeldts kaum Notiz, der noch vor der Rückreise in die Heimat starb. Dem toten Botschafter wurden vom König und der britischen Regierung ungewöhnliche Ehren erwiesen. Gleiches geschah 1936 in ähnlich prekärer Situation beim Tode des Botschafters *Paul von Hoesch.*

Die Monarchenbegegnung in Homburg nach dem Tode der *Kaiserin Friedrich*, August 1901, brachte die Dinge nicht voran, obwohl *Wilhelm II.*, der vom britischen Botschafter in Berlin *Sir Frank Lascelles* begleitet wurde, und *Eduard VII.* ein politisches Gespräch führten. Der König, statt für ihn von *Lansdowne* angefertigte Notizen als Gesprächshilfe zu benutzen, händigte diese dem Kaiser einfach aus. Wilhelm II. äußerte darauf seine persönlichen Ansichten: England müsse Farbe bekennen. Deutschland könne nur über feste Verträge verhandeln. England werde mit Deutschland und dem Dreibund nichts erreichen, wenn es nicht ein vom Parlament ratifiziertes Abkommen schließen wolle.

In England waren 1901 aber nur noch wenige der handelnden Persönlichkeiten gewillt, einen Vertrag zu schließen, *Salisbury* war nach wie vor nicht darunter; in Deutschland waren die meisten dafür – am wenigsten Bülow –, aber nur zu Bedingungen, die *sie* sich vorstellten. Holstein gab die Hoffnung, das magere Ergebnis zu bessern, noch nicht auf. Er versuchte nun, verstärkt auf die Presse einzuwirken. Ende Oktober empfing er den ihm wohlbekannten früheren Berliner „Times"-Korrespondenten *Valentine Chirol*, der zeitweise dem britischen diplomatischen Dienst angehört hatte, ein Freund des Botschafters *Lascelles* und jetzt bei seinem Blatt Hauptverantwortlicher für Außenpolitik war. Es folgte ein weiteres Gespräch, auch ein Besuch Chirols bei *Bülow*, doch ehe noch durch Presseeinfluß etwas geschehen konnte, kam es schon wieder zu einem Zwischenfall. Ende Oktober wies *Chamberlain* in einer Rede in Edinburgh Presseangriffe auf die englische Kriegführung in Südafrika zurück. Dabei bemerkte er, die Truppen anderer Länder hätten sich in Kriegszeiten auch nicht immer musterhaft aufgeführt, auch nicht die deutschen 1870/71 in Frankreich.

Über diese Äußerung gab es in Deutschland eine Aufregung ähnlich der englischen nach dem Krügertelegramm. Gegen einen offiziellen Protest wandte sich *Wolff-Metternich,* da *Chamberlain* in dieser Sache keine verbreitete Zustimmung finde, was aber nach einem Protest leicht der Fall werden könne. Über einen Monat später schrieb *Chirol* in einem „Times"-Artikel, es wäre bedauerlich, wenn in beiden Ländern Gefühle den Vorrang vor Interessen bekämen, so daß man in England glauben müsse, in Deutschland überwöge die Feindschaft des Volkes die freundliche Politik seiner Staatsmänner. Statt sich in diesem oder ähnlichem Sinne zu äußern, antwortete *Bülow* Anfang Januar 1902 im Reichstag, wobei er unter Zitierung eines Wortes *Friedrichs des Großen,* „Laßt den Mann reden, er beißt auf Granit", Chamberlain „abqualifizierte". Immerhin äußerte er einige Tage später in einer Debatte bei weit schärferen Ausdrücken anderer Redner seine Mißbilligung. Holstein war jetzt überzeugt, daß Bülow eine Bindung an England nicht wolle. Noch Ende des gleichen Monats kam das britisch-japanische *Bündnis* zustande, das vom Parlament gebilligt wurde.

Holstein mußte erkennen, daß das Glück vorübergegangen war und sich Deutschland jetzt begnügen müsse, Bindungen Englands an Gegner des Reiches zu verhindern. Im Mai 1903 warnte *Eckardstein,* nun Privatmann, vor einem Übereinkommen zwischen England und Frankreich, wofür seit einiger Zeit der französische Botschafter in London, *Paul Cambon* – sein Bruder *Jules* vertrat später Frankreich in Berlin – und *Joseph Chamberlain* tätig seien. Weder Holstein noch Bülow nahmen das ernst. In Deutschland fand auch die Mehrheit der politisch Handelnden, ein Zusammengehen mit England sei keineswegs im deutschen Interesse. Man fürchtete, als „Festlandsdegen" mißbraucht zu werden, oder, wie *Tirpitz* sich ausdrückte, „zum Landsknecht Englands herabzusinken".

In der breiten Öffentlichkeit gefiel man sich, trotz einer gar nicht so seltenen Sympathie für den englischen „way of life", in völlig falscher Einschätzung der Machtverhältnisse, in lärmendem Auftreten gegen das „perfide Albion", das Deutschland den „Platz an der Sonne", von dem *Bülow* in seiner ersten Rede im Reichstag 1897 gesprochen hatte, nicht gönne. Holstein verstand die Lage Englands und dessen Haltung etwas besser. Daher seine Versuche, wenn das große Ziel nicht in einem Anlauf zu erreichen war, ihm schrittweise näherzukommen durch Absprachen oder Verträge über Einzelfragen: Helgoland-Sansibar, portugiesische Kolonien, Samoa, China. Zu der vorzeitigen Aufgabe eines wirklichen Druckmittels, der vertraglichen Bindungen mit Rußland, hatte er allerdings selbst entscheidend beigetragen. Andererseits brachte er britischen Wünschen, z. B. dem *Roseberys* 1894, Frankreich in Schach zu halten, wenn es zu einem britisch-russischen Konflikt komme, und *Chamberlains* erstem Anklopfen 1898, zuviel Mißtrauen entgegen. Man kann ihm aber kein „großes Nein" anlasten. Er war nur einer unter vielen Mitwirkenden, und es waren die Grundtendenzen deutscher Politik und deutscher Arbeit seit dem Ende der Bismarckzeit: weitere rapide Industrialisierung, Überseehandel, Kolonien, schließlich die große Flotte, die ein Übereinkommen zwischen Deutschland und England so erschwerten. Nicht unterschätzt werden dürfen auch der Kaiser und sein „persönliches Regiment". Für den Monarchen waren alle genannten Faktoren erstrangig, und das hatte jeder in Rechnung zu stellen, der eine verantwortliche Stellung bekleidete und sie behalten wollte.

Dem Gedanken einer Annäherung an Rußland, der 1903 den Kaiser und *Bülow* erneut beschäftigte, stand Holstein fern. Besonders wollte er von einer Unterstützung der russischen Idee einer Neutralisierung Dänemarks nichts wissen, da diese ohne eine sichtbare Gegenleistung den Russen in der Ostsee Sicherheit vor der britischen Flotte verschaffe. Um die Sache zu Fall zu bringen, empfahl er, Dänemark die Initiative zu überlassen. Dabei wußte er, aus Rücksicht auf England werde dieses kleine Land nichts im Sinne der russischen Vorschläge tun. Außerdem müsse Rußland im Falle einer Allianz den Frankfurter Frieden garantieren. Obwohl das französisch-russische Einvernehmen damals gelockert zu sein schien, ergab sich keine Aussicht, die beiden Zweibundmächte zu trennen. Deutsche Versuche einer Annäherung an Frankreich scheiterten völlig, stattdessen kam im April 1904 die englisch-französische entente cordiale zustande. Der Präsident *Loubet* machte, als der Kaiser im Mittelmeer kreuzte, ostentativ einen Besuch in Italien. Im Gegensatz zu *Bülow*, der im Reichstag beruhigende Erklärungen abgab, sah Holstein klar, daß die englisch-französische Entente zerstörend auf den Dreibund wirken werde. Das bezog sich vor allem auf Italien, das gegen England kaum und, wie die Zukunft lehrte, gegen Großbritannien und Frankreich gar nicht an der Seite seiner bisherigen Verbündeten zu halten war.

Frankreich versuchte seine Machtstellung in Marokko zu verstärken. Deutschland, noch immer in der Hoffnung, an der marokkanischen Atlantikküste Fuß zu fassen, wünschte die Bewahrung der Unabhängigkeit des Landes.

Wilhelm II. in Tanger, 31. März 1905

7. Algeciras

Im Sommer 1904 kam es zwischen Holstein und dem Staatssekretär *Freiherrn von Richthofen,* in der Folge auch mit *Bülow* selbst, zu einem Konflikt über die einzuschlagenden Wege. Nach einer erfolgreichen Staroperation blieb Holstein damals längere Zeit den Geschäften fern, reichte wieder seinen Abschied ein und beschwerte sich, von seinen zahlreichen Memoranden, die er im Laufe der letzten Jahre niedergeschrieben habe, sei kaum eines dem Kaiser vorgelegt worden. Es bedurfte der Vermittlung *Radolins,* der vor einiger Zeit von Petersburg nach Paris versetzt worden war, die Dinge einzurenken. Im August brachte er bei einem Vortrag beim Kaiser die Rede auf Holstein und dessen Tätigkeit. Dabei wurde offenbar, daß der Kaiser über die Verhältnisse im Auswärtigen Amt gar nicht unterrichtet war und Holstein längst im Ruhestand glaubte.

Nach diesen Vorfällen fand Holstein, der bisher immer seine bewußte Zurückhaltung betont hatte, seine Stellung im Amt sei unbefriedigend. Er wollte nun offiziell Leiter der Politischen Abteilung werden und volle Zeichnungsberechtigung erhalten. Im Oktober sagte ihm *Bülow* die Erfüllung seiner Wünsche zu, aber erst Anfang 1906 wurde eine wirklich zufriedenstellende Regelung eingeleitet. Volle persönliche Genugtuung wurde Holstein allerdings sofort zuteil. Statt zu einer Audienz, wie anscheinend durch *Radolin* angeregt, wurde er vom Kaiser auf Vorschlag Bülows zu einem Diner in kleinem Kreise geladen, das am 12. November stattfand und bei dem *Tirpitz* zu den Gästen gehörte. Hier wie bei der „Aussöhnung" mit den *Bismarcks* hatte der Kaiser so plötzlich reagiert, daß Holstein in Ermangelung eines Frackes im Gehrock erscheinen mußte. Die fehlende Bekleidung, über die viele Worte verschwendet wurden, hat er sich übrigens kurz danach doch anfertigen lassen. Diese offizielle Begegnung mit dem Kaiser blieb jedoch die einzige.

Als Holstein im Oktober den Dienst wieder aufnahm, kam es in der Nordsee zu dem Doggerbankzwischenfall, wobei die russische Ostseeflotte, die auf dem Wege nach Ostasien war, um dort in den bereits über ein halbes Jahr währenden Krieg gegen Japan einzugreifen, englische Fischerboote beschoß. Deutschland, das die russischen Schiffe mit Kohlen beliefert hatte, drohte in die anschließenden englisch-russischen Auseinandersetzungen hineingezogen zu werden. Während Frankreich zwischen Rußland und England zu vermitteln suchte, griff der Kaiser die Ideen einer deutsch-russischen Allianz und eines Zusammengehens der Kontinentalmächte wieder auf, diesmal anscheinend in Übereinstimmung mit Holstein. In einem Telegramm an den Zaren hieß es, Frankreich sei schlecht beraten, wenn es sich zu sehr auf England verlasse, da dessen Flotte Paris nicht schützen könne. Hoffnungen auf ein russisches Entgegenkommen erwiesen sich jedoch als gänzlich unbegründet. In Deutschland wuchs die Befürchtung eines englischen Überfalls auf die entstehende deutsche Flotte nach dem Muster der Zerstörung der dänischen 1807. Auch Holstein hielt nun einen englischen Angriff für möglich, *Wolff-Metternich* aber erklärte bei einem Besuch in Berlin, ein solcher sei nicht zu befürchten. Schließe Deutschland jedoch eine Allianz mit Rußland, so werde es gewiß England zum Gegner haben, sofern es in den russisch-japanischen Krieg eingreife. Aber nicht solche Bedenken, sondern die Zurückhaltung Rußlands war der Grund für das Abrücken von der Idee eines deutsch-russischen Bündnisses.

Auf Grund der mit England erreichten Übereinkunft suchte inzwischen Frankreich seine Machtstellung in Marokko zu verstärken, möglichst das ganze Land seinem Kolonialreich

118

einzuverleiben. Deutschland, noch immer in der Hoffnung, an der marokkanischen Atlantikküste Fuß zu fassen, wünschte die Bewahrung der Unabhängigkeit des Landes. Obwohl der Versuch, die Unterstützung Amerikas zu gewinnen, gescheitert war, wurde die deutsche Haltung im März 1905 durch einen Besuch des Kaisers, der wieder im Mittelmeer kreuzte, nachdrücklich demonstriert. Dieses Vorgehen wurde sowohl von *Bülow* wie von Holstein gewünscht, während der Kaiser eher widerwillig nun den Besuch in Tanger unternahm. Infolge der Ungewißheit, ob der Kaiser tatsächlich landen werde oder nicht, erkrankte Holstein, behielt aber von seiner Wohnung aus alle Fäden in der Hand. Die Demonstration in Tanger führte zur sogenannten ersten Marokkokrise, der ersten der drei großen internationalen Spannungen im letzten Jahrzehnt vor dem Ersten Weltkrieg. Der Gedanke, daß Deutschland sich durch einen Krieg aus ungünstiger Lage befreien solle, lag damals, wie bei früheren Gelegenheiten, nahe, und Holsteins Haltung 1905/06 ist als bewußte Kriegspolitik gedeutet worden. Aber schon sein Gedanke, die Differenzen durch eine internationale Konferenz zu lösen, spricht dagegen. In Wirklichkeit ging es ihm darum, Frankreich in die Schranken zu weisen und wieder von England zu trennen. Frankreich, schrieb er im April an Bülow, könne die Niederlage von 1870, im Gegensatz zu der von 1814, nicht verwinden. Der Grund: 1814 sei es einer großen Koalition erlegen, 1870 aber nur einem einzigen Gegner.

Bei einer internationalen Konferenz hoffte Holstein auf Rückendeckung für das Bestreben, Frankreichs Vordringen in Marokko einzudämmen. Es erwies sich aber bald, daß er der Zustimmung *Bülows* nur teilweise sicher sein konnte. Dieser billigte das scharfe Vorgehen in der Presse, das Holstein wünschte, nicht, und er hielt die Möglichkeit eines Übereinkommens mit Frankreich für gering. Holstein dagegen glaubte, daß man gegen Frankreich schärfer vorgehen könne als bisher und daß allein der Außenminister *Delcassé* für die starre Haltung seines Landes verantwortlich sei. Er hatte die Genugtuung von dessen Demission unter deutschem Druck am 6. Juni. Am gleichen Tage, dem Hochzeitstag des Kronprinzen, verlieh der

Kaiser Bülow den Fürstentitel. Holstein schrieb um diese Zeit an *Ida von Stülpnagel,* nach Beilegung des Streites mit Bülow im vergangenen Herbst habe er alle Dinge in der Hand, die er nur mit dem Kanzler diskutiere, während der Staatssekretär *Richthofen* sich nur dann und wann nach dem Stand der Angelegenheiten erkundige. Eine direkte Einigung Deutschlands mit Frankreich nach dem Abgang Delcassés hielt Holstein für ausgeschlossen, da inzwischen die Konferenz beschlossene Sache war. Als der französische Ministerpräsident *Rouvier* den Konferenzplan zum Scheitern bringen und statt dessen doch eine direkte Einigung mit Deutschland erzielen wollte, vermutete Holstein, der Kaiser habe in Verfolgung seiner alten Pläne einer Allianz mit Rußland, der Aussöhnung mit Frankreich, also der Idee des Kontinentalbundes, diese Sinnesänderung bewirkt. Die Gelegenheit solcher Einflußnahme war durch die Anwesenheit einer französischen Delegation zur Hochzeit des Kronprinzen gegeben. An *Radolin* schrieb der Geheimrat, wenn der Kaiser beruhigen wolle, könne er damit gerade das Gegenteil erreichen, da Ereignisse oft stärker seien als der menschliche Wille und England einen deutsch-französischen Krieg geradezu wünsche. Nach verschiedenen Zeugnissen, so Bülows „Denkwürdigkeiten" und den Erinnerungen des Hofmarschalls *Graf Zedlitz-Trützschler,* hat der Kaiser dem Chef der französischen Delegation, General *Lacroix,* gegenüber geäußert, er habe nicht die geringste Absicht, wegen Marokko mit Frankreich Krieg zu führen.

Frankreich akzeptierte im Juli die Konferenz, etwa gleichzeitig nahm der Kaiser wieder eine Gelegenheit wahr, eigene Politik zu machen. Bei einer Zusammenkunft mit Zar *Nikolaus II.* in den finnischen Schären bei Bjoerkoe schloß er mit diesem einen Neutralitätsvertrag. *Bülow,* bemängelte daran, daß er auf Europa begrenzt sei und bis zum Friedensschluß zwischen Rußland und Japan geheim bleiben solle. Holstein, der den einmal geschlossenen Vertrag gelten lassen wollte, war entschieden gegen Bülows Absicht, jetzt Frankreich noch weiter entgegenzukommen, da solches Vorgehen die französische Haltung auf der Konferenz nur noch mehr versteifen könne. Er wolle Frankreich weiter unter Druck setzen, bis es einsehe, daß es ohne Deutschland keine Erfolge mehr zu erringen vermöge. Dann würden sich die Beziehungen beider Länder ändern, so wie England nur sechs Jahre nach der Faschodaffäre zu einem Einvernehmen mit Frankreich gekommen sei. Bülow bot ein merkwürdiges Bild eines leitenden Staatsmannes: Er machte weder die Politik des Kaisers noch die Holsteins zu seiner eigenen, hinderte aber beide auch nicht. Während des folgenden halben Jahres konnten Deutschlands Verhandlungspartner also damit rechnen, daß der harte Kurs der offiziellen deutschen Politik an höchster Stelle nicht gebilligt werde. Die offizielle Antwort an Frankreich zum Konferenzthema verabredeten Holstein und Bülow in dessen Sommersitz auf Norderney. Holstein kehrte für kurze Zeit nach Berlin zurück und verschwand dann ohne Hinterlassung einer Adresse in den Harz.

Aber auch von dort aus griff er in den Fortgang der Ereignisse ein. Die Beauftragung des Gesandten *Friedrich Rosen,* eines Nordafrikaspezialisten, und des Völkerrechtlers *Dr. Kriege* zu Verhandlungen in Paris erregte sein Mißtrauen. Er verglich diese Mission mit der des preußischen Ministers *Haugwitz* 1806 zur Erfüllung von Napoleons Wünschen, die doch den Krieg nicht verhinderte. Im ganzen nutzte die Mission Rosens nichts, verursachte aber die Drohung des Botschafters *Radolin,* sich direkt an den Kaiser zu wenden, worauf Holstein ihn dringend bat, den Franzosen zu entlocken, was der Kaiser erklärt oder versprochen habe. Wieder einmal war Holstein über die Desavouierung seiner Politik durch den Kaiser so erbost, daß er ein Entlassungsgesuch entwarf. *Radolin* brachte indessen aus *Rouvier* nur heraus, daß die Erklärungen des Kaisers ganz allgemeiner Art gewesen seien.

Erst gegen Ende Oktober kehrte Holstein nach Berlin zurück. Inzwischen hatte der von den Friedensverhandlungen in Portsmouth/New Hampshire zurückkehrende russische Ministerpräsident *Witte* in Paris mit *Rouvier* verhandelt und in mehreren Gesprächen *Radolin* die Wünschbarkeit eines Vertrages der drei großen Kontinentalmächte auseinandergesetzt. Die

Rückreise nach Petersburg unterbrach er auf Weisung des Zaren in Berlin, wo er mit *Bülow* konferierte. Dieser erklärte sich, wie auch der Kaiser, den Witte danach in Rominten sprach, für eine gütliche Einigung mit Frankreich. Der Kaiser empfahl dabei, weitere Mitteilungen und Vorschläge an *Philipp Eulenburg* zu richten. Ob *Eulenburg*, der seit Jahren in den Hintergrund getreten war – die Botschaft in Wien hatte er schon 1902 aus Gesundheitsrücksichten aufgegeben –, in der Marokkokrise tatsächlich eine Rolle spielte, ist ungewiß. Wittes Gespräch mit dem Kaiser hatte jedoch keinen direkten Einfluß auf die Verhandlungen, denn Ende September schloß Bülow mit Frankreich ein Abkommen, das Verfahren der Konferenz betreffend. Im November wurde das Ziel der russischen Bemühungen klar, den Vertrag von Bjoerkoe zu annullieren. Dennoch hoffte der Kaiser weiter auf das Zustandekommen einer Kontinental-liga.

Holstein glaubte, Deutschland werde auf der Konferenz nicht alleinstehen, da außer ihm andere große und kleine Staaten an einer Politik der offenen Tür in Marokko interessiert seien. Er hielt es, wie er im Dezember an *Arthur von Brauer* schrieb, für „kindisch", durch Konzessionen in Marokko von Frankreich einen Verzicht auf Elsaß-Lothringen zu erlangen. Frankreich wolle nach wie vor die Revanche. Der Schlüssel liege nicht in Frankreich, sondern in England. Es werde sich in den nächsten Jahren entscheiden, ob man Großbritannien auf die Dauer von Rußland und Frankreich fernhalten könne. Ohne England werde der Zweibund sich einen Angriff zweimal überlegen. Komme er aber zu engeren Bindungen mit England, sei Deutschlands Zukunft düster.

Im Dezember erbat sich Holstein erneut Urlaub, und am Jahresende dachte er wieder ernstlich an Abschied, da er keine Möglichkeit mehr sah, die Politik Deutschlands gegen England und Rußland in bessere Bahnen bringen und auf das Pressebüro des Amtes ausreichenden Einfluß bekommen zu können. Anfang Januar reichte er sein Abschiedsgesuch ein. Als *Bülow* ablehnte, stellte er Bedingungen: Ernennung zum Direktor der

Politischen Abteilung mit Weisungsbefugnis an das Pressebüro. Der Kanzler sagte alles zu. Da der Staatssekretär *Freiherr von Richthofen* am 17. Januar plötzlich starb[19] und der Nachfolger, Herr *von Tschirschky,* seinen Dienst erst Mitte Februar antrat, schien im Amt – und mit der am 16. begonnenen Algecikaskonferenz – alles nach Holsteins Wunsch zu laufen. Als erstes richtete er ausführliche Direktiven an die Botschafter *Speck von Sternberg* in Washington, der Amerika über Deutschlands Absichten beruhigen sollte, und *Radowitz* in Madrid, der zum Hauptbevollmächtigten auf der Konferenz ernannt war. In einem Memorandum vom 18. äußerte er, mit der Konferenz bezwecke er diplomatische Pression auf Frankreich, wie sie 1895 von den Kontinentalmächten gegen Japan und 1898 von England gegen Frankreich angewandt wurde. Unmittelbar nach Faschoda habe die englisch-französische Annäherung begonnen, notierte er später. Erst wenn die Franzosen sähen, daß die englische Freundschaft nur platonisch sei, würden sie Deutschland gegenüber umlernen. Doch seine Erwartungen waren schon Anfang Februar gedämpft, als er an *Radolin* schrieb, wenn der status quo in Marokko erhalten werde, sei wenigstens der Friede gerettet. Dieser Pessimismus war durch den Wunsch Frankreichs und Spaniens, ein Polizeimandat in Marokko zu erhalten, verursacht. Scheitere die Konferenz völlig, so würden die Beziehungen Deutschlands zu Frankreich so prekär werden wie zwischen 1866 und 1870, schrieb Holstein der Fürstin *Johanna Radolin,* der zweiten Frau seines Freundes, einer geborenen *Reichsgräfin Oppersdorf.*

Ein völliger Mißerfolg zeichnete sich bezüglich der Haltung Amerikas ab, wo Präsident *Theodore Roosevelt,* der für den französischen Standpunkt gewonnen war, Deutschlands Forderung der offenen Tür ablehnte. Die Haltung Englands, Spaniens, selbst Italiens erwies sich als nicht günstig, und der russische Außenminister *Graf Lamsdorf* erklärte deutlich, daß, falls es zum Kriege komme, Rußland nicht zum Bjoerkoevertrag, sondern zum Zweibund stehe. Ende Februar meinte der Kaiser noch, es mache nichts, wenn Deutschland in Algeciras isoliert sei. Blieb der Monarch dabei, konnte Holstein seiner Sache sicher sein, selbst wenn *Bülow* umfiel. Diesem wurde aber spätestens Ende Februar klar, daß Deutschland in der Tat alleinstehe. Das bedeutete für ihn, wie so oft, den Weg des geringsten Widerstandes zu gehen. Inzwischen kamen selbst aus Österreich Wünsche, Deutschland möge eine nachgiebigere Haltung einnehmen.

In dieser Lage schlug Holstein Anfang März mit Billigung *Bülows* direkte deutsch-französische Verhandlungen vor, aber schon am übernächsten Tage erklärte *Rouvier* solche für unmöglich. Am 12. März sagte *Bülow* in einer Beratung mit *Tschirschky*, dem Unterstaatssekretär *Mühlberg*, Holstein und *Otto Hammann*, dem Chef des Pressebüros des Auswärtigen Amts, Deutschland müsse Konzessionen machen. Wie Holstein später (am 29.) in einem Memorandum notierte, stimmte nur Hammann zu; alle anderen seien der Meinung gewesen, die Mehrheit der an der Konferenz teilnehmenden Mächte werde bei fester Haltung Deutschlands schließlich nachgeben. Bülow suchte später in seinen „Denkwürdigkeiten" die Verantwortung für das Zurückweichen Deutschlands dem Kaiser zuzuschieben. Bei der labilen Natur des Monarchen ist es verständlich, daß auch Holstein im März 1906 so urteilte; er schrieb seiner Kusine, der Kaiser habe nicht die Standfestigkeit, die zum Erreichen politischer Erfolge nötig sei. Ende des Monats gab das Vorgehen der Russen, die in der französischen Presse eine Deutschland verletzende Veröffentlichung veranlaßten, nochmals Gelegenheit, den harten Kurs beizubehalten. Dazu gewann Holstein auch Bülow, doch hielt dieser nicht durch, und Deutschland gab den französischen Wünschen endgültig nach. Unmittelbar nach dem Mißerfolg der Konferenz schrieb Holstein an *Radolin*, bei ein wenig Warten wäre mehr zu erreichen gewesen, denn den Frieden, der gar nicht in Gefahr gewesen sei, brauchten alle neutralen Mächte aus wirtschaftlichen Gründen.

Die diplomatische Niederlage Deutschlands war eindeutig. Es hatte ganz allein gestanden, denn auch Österreich, das als einzige Macht offiziell an seiner Seite stand, hatte es zurückzuhalten versucht. Es war daher eine der vielen grotesken

Fehlleistungen des Kaisers, daß er nach Wien ein Danktelegramm für die „hervorragenden Sekundantendienste" schickte.

In den fünfziger Jahren ist in der historischen Forschung dezidiert die Meinung vertreten worden, Holstein habe, zusammen mit *Schlieffen*, 1905/06 tatsächlich den Krieg gegen Frankreich gewollt, dessen Aussichten zwar günstiger gewesen seien als 1914, aber keineswegs einen vollen Sieg, wie 1870, wahrscheinlich machten. Das ist, was Holstein angeht, später widerlegt worden. Der Geheimrat wollte nicht den Krieg, sondern die Sprengung der englisch-französischen Entente. Das schien nur durch nachhaltigen Druck auf Frankreich erreichbar. Man müsse deutlich machen, daß im Ernstfalle diesem Lande die Hilfe Englands nichts nütze, es jedenfalls nicht vor schwerem Schaden bewahren könne. Auch Holstein sprach davon, die englische Flotte habe keine Räder und könne Paris nicht schützen. Das ist eine drastische Kurzformel seiner sehr bedenklichen sogenannten „Geiseltheorie", die besagt, Frankreich bürge als Deutschlands Geisel für englisches Wohlverhalten.

Wenn Deutschland eine der beiden Westmächte einschüchtern wollte, konnte das in der damaligen Situation nur Frankreich sein, da man gegen England keine wirksamen Druckmittel besaß. Die Risikoflotte war erst im Entstehen, und andere Waffen, die hätten wirksam sein können – Unterseeboote und Flugzeuge –, gab es noch nicht. Voll beizupflichten ist aber dem obigen Urteil über die Chancen eines Krieges. *Rich* glaubt, Deutschland hätte damals einen Krieg gegen Frankreich aller Wahrscheinlichkeit nach gewonnen. Das ist so wahrscheinlich nicht. Es mag sein, daß, weil Rußland kaum und England nur mit geringen Kräften hätten eingreifen können, mit oder ohne Schlieffenplan das französische Feldheer geschlagen und damit die Offensivkraft Frankreichs gebrochen worden wäre. Damit war aber, wie die Erfahrungen von 1870 lehrten oder besser: hätten lehren müssen, noch keineswegs eine weitere Verteidigung unmöglich geworden. Auch der „Kanzler ohne Amt" hat in den neunziger Jahren die aus seinem Munde seltsam klingende Ansicht vertreten, es werde in einem neuen Krieg auf die ersten

Schlachten ankommen. Später, im Zweiten Weltkriege, hat Hitler, der dem Irrtum erlag, er könne unbegrenzt die Methoden fortsetzen, die ihm bis zum Münchner Abkommen Erfolg brachten, auch den Handlungsspielraum der britischen Regierung unterschätzt, oft von der letzten Schlacht und dem letzten Bataillon gesprochen. Nein, im günstigsten Fall wäre 1906 wohl die Lage von 1940 eingetreten.

Seit 1871 mußte es jedem Politiker klar sein, daß England eine völlige Niederwerfung Frankreichs nicht zulassen werde. Es war zweierlei, ob Deutschland das Errungene behaupten wollte oder weitere Machtausdehnung erstrebte. In diesem Falle mußte es, wie alle des Hegemoniestrebens verdächtigen Mächte, auf allgemeinen Widerstand stoßen. *Jacob Burckhardt* hat, noch vor der Reichsgründung, bald nach Beginn des deutsch-französischen Krieges – von dem er schon befürchtete, er werde ohne Friedensschluß bleiben –, gemeint, Deutschland werde wie Spanien und Frankreich vor ihm auf die Bahn der Machtpolitik gedrängt werden, aber ein weniger glimpfliches Schicksal haben als diese Vorgänger. Die Friedenspolitik *Bismarcks,* die nach der Warnung von 1875 eineinhalb Jahrzehnte lang zielbewußt den status quo zu sichern suchte, ließ diese Befürchtungen zeitweise zurücktreten.

Auch die bescheidenere Möglichkeit, sich wie einst *Friedrich der Große* im Siebenjährigen Krieg gegen eine überlegene Koalition behaupten zu können, hat kaum bestanden. Die Friedrichlegende gehört überhaupt zum Verderblichsten in der preußisch-deutschen Tradition. Sie hat die Vorstellung genährt, man könne einer „Einkreisung" im Ernstfall erfolgreich widerstehen. Sie vergaß manches: zum Beispiel, daß von den Gegnern Preußens allenfalls Österreich den Kampf mit voller Kraft führte, vor allem aber unterschlug sie die finanzielle und materielle Hilfe Englands, ohne die Friedrich sich nicht bis zum Jahre 1762 hätte behaupten können.

Wenn Holstein glaubte, gegen Frankreich so verfahren zu können wie England bei und nach Faschoda, vergaß allerdings auch er etwas Wesentliches: zwischen England und Frankreich bestanden Interessengegensätze, in manchem vielleicht größere als zwischen Deutschland und Frankreich, nicht aber eine in Generationen gewachsene und genährte Verfeindung. Wie England bei Faschoda hätte Deutschland mit Aussicht auf Erfolg gegen Frankreich vorgehen können. Mit Festigkeit bestand Aussicht, es zum Nachgeben zu zwingen. Die Befolgung des Beispiels der englischen Politik *nach* Faschoda hätte aber kaum so baldige Erfolge bringen können. Holstein vergaß hier den mit dem Vergleich der französischen Niederlagen von 1814 und 1870 von ihm selbst berufenen point d'honneur.

Der Berliner Journalist *Maximilian Harden*.

Theobald von Bethmann Hollweg (mit Staatssekretär *von Schoen*), damals preußischer Innenminister (Reichskanzler 1909–1917), spielte bei den Anschuldigungen und Prozessen um *Philipp von Eulenburg* und den Berliner Stadtkommandanten *Kuno Graf Moltke* eine Rolle.

8. Außer Dienst

Holstein wurde Mitte Januar 1906 faktisch Direktor der Politischen Abteilung, seine Ernennung jedoch bis zu seiner Entlassung nicht voll wirksam, da die Zustimmung des Reichstages noch ausstand. Der neue Staatssekretär *Tschirschky*, ein Sachse, war wie der Schwabe *Kiderlen* und der Rheinländer *Wolff-Metternich* Gesandter bei den Hansestädten und – wie der erstere – zugleich längere Zeit Angehöriger des Kaiserlichen Gefolges. Er verdankte seine Ernennung zweifellos der Gunst des Kaisers, war mit Holstein und *Radolin* bekannt und mit dem Botschafter in Rom, *Graf Anton Monts*, befreundet. Als Tschirschky Mitte Februar im Amt erschien, nahm er die Geschäfte nur langsam auf, war aber oft beim Kaiser. Bald erkannte er, daß *Bülow* unter der Fuchtel Holsteins stand, der mittlerweile sogar in der Presse allgemein als der wirkliche Leiter der deutschen Außenpolitik galt. Auch sah er, daß zwischen der Haltung des Kaisers und der Holsteins in der Außenpolitik im allgemeinen und zur Algecираskonferenz im besonderen ein scharfer Gegensatz bestand und die Tage des Geheimrats im Amt dadurch gezählt sein mußten.

Am 28. März ließ sich Tschirschky von Holstein den Text einer Depesche nach Algeciras vorlegen, gab vor, sie mit *Mühlberg* besprechen zu wollen, und ließ Holstein gehen. Dieser war sofort überzeugt, daß Ursache solchen Auftretens des Staatssekretärs die Haltung des Kaisers sei. Er beschrieb den Vorfall ausführlich in einem Brief an *Bülow* und erklärte, unter solchen Verhältnissen nicht mehr bleiben zu wollen. Der Kanzler wünschte ein eingehendes Gespräch. Es fand am 2. April bei einem Diner zu zweit statt, wobei Holstein sein Entlassungsgesuch übergab. Bülow aber wollte es nicht auf offiziellem Wege weiterleiten. Am folgenden Tage brachten die Zeitungen die Nachricht der bevorstehenden Verleihung des Schwarzen Adlerordens an *Philipp Eulenburg.* Da Eulenburg seit 1902 keinerlei amtliche Aufgaben zu erfüllen hatte, die eine solche Auszeichnung zu diesem Zeitpunkt rechtfertigten, vermutete Holstein, er erhalte sie, weil er beim Kaiser gegen die Politik des Auswärtigen Amts intrigiere. Darum sandte er ein zweites Entlassungsgesuch an das Ministerium. Bülow gab vor, auch dieses offizielle Entlassungsgesuch nicht weiterleiten zu wollen, bevor er mit dem Kaiser gesprochen habe. Holstein, der gar nicht wirklich gehen wollte, hoffte auf einen positiven Ausgang dieses Gesprächs hinsichtlich seiner Position.

Am 4. April unternahm er einen Schritt, der dem *Bismarcks* bei der Einschaltung *Schuvalovs* glich. Er erzählte dem britischen Botschafter *Lascelles,* dem Kaiser habe man eingeredet, er, Holstein, sei ein Hindernis für gute Beziehungen zu England. Am folgenden Tage erlitt *Bülow* im Reichstag einen Schlaganfall, der ihn zwar für einige Wochen vom Amt fernhielt, ihm aber seine Handlungsfähigkeit beließ. Er gab schon am 6. durch seinen Arzt *Renvers* Weisung an den mit Holstein verfeindeten *Hammann,* das Gesuch weiterzuleiten. *Tschirschky* hielt es zurück, weil er die Entscheidung, es dem Kaiser vorzulegen, Bülow selbst überlassen wollte. Aber ebenso wenig wie Tschirschky wagte es Bülow, diese Verantwortung zu übernehmen und unmißverständliche Anweisung zu geben. Durch seinen Bruder Oberst *Karl von Bülow* und durch Hammann ließ er Tschirschky sagen, das Gesuch sei weiterzuleiten. Beide, die bisher nur mündliche Weisungen erhalten hatten, richteten an Tschirschky schriftliche Anfragen, Karl von Bülow erst, nachdem er sich von *Renvers* hatte bestätigen lassen, daß der Kanzler im vollen Besitz seiner geistigen Kräfte sei. Am 14. sandte Tschirschky das Entlassungsgesuch an den Kaiser. Ihm wurde am 16. April entsprochen.

Holstein hatte ebensowenig wie seinerzeit *Bismarck* damit gerechnet, tatsächlich entlassen zu werden. Der Haß, mit dem er die seiner Meinung nach Verantwortlichen verfolgte, stand dem des „Reichsgründers" gegen wirkliche oder vermeintliche Feinde nicht nach. Dem wußte *Bülow*, der wirklich Schuldige, zu entkommen. Ebenso wie Bismarck fand auch Holstein Wege, bis in seine letzten Tage eine politische Rolle zu spielen. Er war dabei sogar noch erfolgreicher, weil er nicht allein auf die Presse angewiesen blieb, sondern in alter Manier als Ratgeber hinter den Kulissen weiterwirken konnte. Bülow, an dessen „Untreue" Holstein trotz mancher Information während der nächsten Jahre nie glauben wollte, suchte weiter den Rat des Verabschiedeten.

An *Monts* schrieb Holstein, er halte *Hammann* und *Eulenburg* für die für seine Entlassung Verantwortlichen. Hauptgrund seines Argwohns waren Eulenburgs Beziehungen zu dem Ersten Sekretär der Berliner französischen Botschaft *Raymond Lecomte*. Holstein hat wohl damals beschlossen, Eulenburg zu vernichten. Er erwog zunächst eine Pressekampagne, wurde aber von dem baltendeutschen Publizisten Professor *Theodor Schiemann* gewarnt, da Eulenburg seit Jahren jedes Papier aufgehoben habe. Das entsprach den Tatsachen; Eulenburg halfen seine Frau *Gräfin Augusta Sandels,* Tochter eines schwedischen Generals, zeitweise auch ein Privatsekretär und eine Schreibkraft. Die Helfer fertigten zahlreiche Abschriften an, und ihrem Fleiß ist die Erhaltung des bisher erst teilweise veröffentlichten Nachlasses mitzuverdanken.

Trotz beruhigender Versicherungen *Schiemanns* fühlte sich Holstein seinerseits durch *Eulenburg* bedroht. Am 1. Mai sandte er daher diesem einen herausfordernden Brief. Er hatte eine durch *Axel von Varnbüler* übermittelte Forderung zur Folge. *Tschirschky* und *Mühlberg* unterrichtete Eulenburg persönlich über seine Absichten. Als beide nunmehr Holstein über die Gründe seines Briefes befragten, verlangte dieser von Eulenburg eine schriftliche ehrenwörtliche Erklärung, daß er mit seiner Entlassung nichts zu tun habe. Sie wurde ihm zugesichert, woraufhin er seinerseits eine Ehrenerklärung abgab.

Im Juni griff der schon recht bekannte kenntnis- und einflußreiche Berliner Journalist *Maximilian Harden* in seiner Wochenschrift „Die Zukunft" Holstein an. Harden war seit Jahren durch *Bismarck* und dessen Anhänger über den Geheimrat unterrichtet worden und hatte auch Material von *Bülow* erhalten. Doch besaß er darüber hinaus andere Informationsquellen und war eifersüchtig auf seine Unabhängigkeit bedacht. Holstein hielt auch eine Verbindung des nunmehrigen Fürsten *Guido Henckel Donnersmarck* mit Harden für möglich. Er drohte daher Henckel erneut mit Enthüllungen. Nachdem er sich überzeugt hatte, daß Harden nicht käuflich sei, sondern aus Leidenschaft schreibe, sandte Holstein an die „Zukunft" einen offenen Brief, der dort vierzehn Tage später abgedruckt wurde. In der gleichen Nummer verteidigte Harden seine Haltung und seine Informationen, wobei er gegen Holstein nicht mehr Animosität, sondern Respekt erkennen ließ.

Diese gleichzeitigen Veröffentlichungen nährten Gerüchte, beide hätten bereits seit Jahren in Verbindung gestanden, was *Harden* in der nächsten Nummer entschieden dementierte. Wenig später, im Juli 1906, muß die erste Begegnung stattgefunden haben. Bald sahen beide sich wöchentlich mindestens einmal. Später erschien Holstein auch in Hardens Familie und nahm gelegentlich Einladungen zu Autofahrten an. Diese Verbindung verbreitete nicht geringen Schrecken, dessen Berechtigung bald in mehreren Fällen offenkundig wurde. Harden hat zwar versichert, Holstein habe keine Staatsgeheimnisse preisgegeben. Das mag richtig sein, soweit es sich um Dokumente handelt, zumal Holstein von etlichen Angeboten zu gut honorierten Veröffentlichungen keinen Gebrauch gemacht hat. Was hingegen mündlich übermitteltes Wissen angeht, ist das selbstverständlich völlig unkontrollierbar, auch für die Beteiligten selbst. Die erhaltene Korrespondenz zeigt, daß Harden von Holstein wenig beeinflußt worden ist, und er hat „Seiner Excellenz" – er sprach Holstein bis zuletzt immer so an – wiederholt versichert, daß er sich weniger auf Informationen als auf Psychologie und Kombinationsgabe verlasse.

Das politisch-publizistische Zusammenspiel der beiden Außenseiter *(Rogge)* richtete sich gleich nach seinem Beginn vorwiegend gegen *Eulenburg.* Auch hier war Holstein nicht der Hauptinformant. *Harden* war schon früher gegen Eulenburg aufgetreten und bezog seine Kenntnisse aus vielen Quellen. So bedurfte es eigentlich seiner Versicherung nicht, er sei in seinem Kampf gegen „Phili" nie ein Werkzeug Holsteins gewesen. Tatsächlich hat er Informationen erhalten von einer Schwester des Kaisers, der Erbprinzessin *Charlotte von Sachsen-Meiningen,* vom Chef des Militärkabinetts *Graf Hülsen-Haeseler* – demselben, der während der „Daily-Telegraph"-Krise plötzlich starb –, von des Kaisers jüngerem Freund *Fürst Max Egon von Fürstenberg* – und auch von *Bülow,* der, wie *Monts* bezeugt, seit langer Zeit von Eulenburgs homosexuellen Neigungen wußte. Bülow fürchtete, daß „Phili" selbst nach seinem Amt strebe oder einen Kandidaten dafür suche. Sein Mißtrauen wuchs, als ihm nach seinem Ohnmachtsanfall im Reichstag Eulenburg riet, an seine Gesundheit zu denken und die Kanzlerschaft niederzulegen. Harden hat bestätigt, Material gegen Eulenburg von Bülow erhalten zu haben. Frühe Warnungen vor Eulenburg als politischem Ratgeber und Informationen über dessen Homosexualität sind ihm auch von *Bismarck* zugegangen.

Der Herausgeber der „Zukunft" schrieb es seinem Auftreten zu, daß *Eulenburg* den Botschafterposten in Wien aufgab und sich zeitweilig auch vom Hofe zurückzog. Zur Zeit der Marokkokrise und der Entlassung Holsteins war er aber mit dem Kaiser wieder in enger Verbindung, und sein Einfluß schien wieder mächtig zu werden. Als sich die erneuerte Beziehung zum Kaiser als dauerhaft erwies, begann Harden im Herbst 1906 eine weitere Kampagne. Er verschärfte die Tonart, als *Lecomte* während eines Besuchs des Kaisers auf Eulenburgs märkischen Besitz Liebenberg eingeladen wurde. Holstein warnte *Harden* jedoch vor Angriffen auf Lecomte als den Repräsentanten einer auswärtigen Macht. Der kompromittierte Botschaftssekretär verließ Berlin im Juli 1907.

Holstein und *Harden* stimmten am wenigsten in ihrem Urteil über *Bülow* überein. Es war sicher Harden, der den Kanzler, den er mit Recht für einen extrem falschen Charakter hielt, besser durchschaute.

Eulenburg versuchte im Frühjahr 1907 mit *Harden* zu einem Übereinkommen zu gelangen – vergeblich. Harden begann jetzt mit Anspielungen auf Eulenburgs sexuelle Neigungen. Anfang Mai machte der Kronprinz seinen Vater auf einige „Zukunft"-Artikel aufmerksam. Der Kaiser reagierte, wie häufig, kopflos und mit „Plötzlichkeit". Eulenburg müsse „gereinigt oder gesteinigt" werden. Der preußische Innenminister *Bethmann Hollweg*, der spätere Kanzler, legte dem Kaiser eine auf Grund polizeilicher Ermittlungen erstellte Liste aktiver Homosexualität verdächtiger Persönlichkeiten vor. Die Namen Eulenburgs und des Berliner Stadtkommandanten *Graf Kuno Moltke*, desselben, der 1894 *Bismarck* die Flasche Steinberger Kabinett gebracht hatte, waren darin enthalten. Einige Tage später ließ der Kaiser Eulenburg brieflich fragen, was er gegen den Herausgeber der „Zukunft" unternommen habe. Als „Phili" sich nach drei Wochen nicht erklärt hatte, erhielt er durch *Bülow* die kaiserliche Aufforderung, die Anschuldigungen zu widerlegen oder das Land zu verlassen. Darauf beauftragte Eulenburg den für Liebenberg zuständigen Staatsanwalt, einen Freund, mit einer Untersuchung seiner Vergangenheit, was natürlich keineswegs den gewünschten Eindruck machte. Indessen ließ Moltke durch seinen Vetter *Graf Otto Moltke* Harden erklären, er habe die ihm nachgesagten Praktiken nie ausgeübt; er ließ sich die Annahme dieser Erklärung bestätigen.

An Holstein schrieb *Harden,* er halte es für besser, *Eulenburg* und *Moltke* nicht gänzlich zu ruinieren, sondern nur sicherzustellen, daß sie für das Land keine Gefahr mehr sein könnten, das heißt den Hof für immer verließen. Nach Einwendungen Holsteins schrieb er jedoch an Graf *Otto Moltke* einen zweiten Brief, der seine erste Erklärung abschwächte. Weitere Ehrenerklärungen verweigerte er. Daraufhin schickte ihm Graf Otto eine Forderung, die er nicht annahm. Nunmehr reichte Graf *Kuno Moltke* eine Klage gegen Harden ein. Dieser suchte einen Prozeß zu vermeiden und fand dabei die Unterstützung *Bülows*. Moltke dagegen stand unter starkem Druck des Militärs. Schließlich verlangte der Kaiser, Eulenburg und Moltke sollten entweder handeln oder ihre Schuld eingestehen. Der Prozeß Moltke-Harden begann Ende Oktober. Nach Aussagen einer Zeugin, Moltkes früherer Frau *Lili von Elbe,* hielt das Gericht Homosexualität für erwiesen. Harden wurde freigesprochen.

In einem zweiten Prozeß im Dezember beschworen *Eulenburg* und *Moltke* ihre Unschuld. Eulenburg erklärte, daß er sich nie in irgendeiner Art homosexuell betätigt habe. Anfang Januar 1908 wurde *Harden* zu vier Monaten Haft und den Kosten des Verfahrens verurteilt. Moltke und Eulenburg wurden freigesprochen. Der Kaiser war über das Ergebnis dieses zweiten Prozesses so erfreut, daß er beide sofort völlig rehabilitieren wollte. Das konnte vom Hof verhindert werden, da die staatsanwaltlichen Ermittlungen gegen Harden und seinen Anwalt *Bernstein* noch liefen.

Es gelang *Harden,* die Sache *Eulenburg* vor ein Münchner Gericht zu bringen. Dort wurde der Beschuldigte im Frühjahr 1908 durch Zeugen so schwer belastet, daß er des Meineids vor dem Berliner Gericht für überführt gelten konnte. Als auf Grund einer Revision durch das Reichsgericht die Münchner Belastungszeugen Eulenburg in Liebenberg gegenübergestellt wurden, blieben sie bei ihren Aussagen. Daraufhin wurde Eulenburg in Moabit inhaftiert, aber bald wegen Krankheit in die Charité überführt. Er wurde aufgefordert, den Schwarzen Adlerorden zurückzugeben, worauf er alle seine preußischen Orden abgab.

Im Juni kam es zur Verhandlung in Moabit, die wegen Eulenburgs Krankheit in die Charité verlegt wurde, wobei er schließlich völlig zusammenbrach. Eine Wiederaufnahme des Prozesses im folgenden Jahr endete bereits am ersten Tage mit einem neuen Zusammenbruch. Obwohl der Verdacht bestand, Eulenburg habe die Zusammenbrüche simuliert, wurde eine weitere Revision bis zu seinem Tode 1921 nie eingeleitet. Mit Unterstützung Holsteins, der *Bülow* einschaltete, erreichte *Harden* 1909 mit *Moltke* eine außergerichtliche Übereinkunft. Dagegen erhob die Staatsanwaltschaft Einspruch. Es kam daher im April 1909 zu einem weiteren Prozeß, in welchem Harden zu einer Geldbuße und zur Übernahme der Kosten aller drei Moltkeprozesse verurteilt wurde. Eine abermalige Berufung verhinderte Bülow. Es gelang ihm, durch Vermittlung von *Albert Ballin,* dem Direktor der Hamburg-Amerika-Linie (Hapag), Harden zur Annahme der Erstattung von Buße und Kosten aus der Staatskasse und zum Verzicht auf die Fortführung der Prozesse zu bewegen.

Am „persönlichen Regiment" änderte sich nichts. Der Kaiser konnte seine unverantwortlichen Äußerungen fortsetzen und an Stelle mißliebig gewordener unverantwortlicher Berater oder nicht mehr williger Staatsdiener neue berufen. Für *Eulenburg* oder *Bülow* standen andere Willfährige bereit. Holstein wie *Harden* wußten, daß nur die Absetzung oder mindestens die Entmachtung des Kaisers selbst Wandel bringen konnte. Aber vom Kronprinzen war auch nicht viel zu erwarten. Damals hörte man bei Hofjagden Witze, nicht etwa aus Versehen den Kaiser zu erschießen, denn derjenige, der dann komme, sei noch schlimmer. Die Monarchie zu beseitigen oder auch nur zu schwächen, wünschten, zumindest damals, weder Holstein noch Harden. Harden, in jenen Jahren noch Monarchist, hat übrigens nicht nur durch seine „Zukunft" in die Politik eingegriffen, sondern auch durch vielbeachtete öffentliche Vorträge. Daß Holstein und Harden sich fanden, war Zufall, nicht Ursache des Vorgehens beider gegen Eulenburg und gegen die „Kamarilla"[20]. Holstein kamen in seinem maßlosen Haß gegen Eulenburg Hardens Feldzüge gelegen, die auch seinen Zielen dienten und ihm weitere Versuche in der Anwendung anderer Mittel ersparten.

In jungen Jahren hatte Holstein es zeitweise für möglich gehalten, eine parlamentarische Laufbahn einzuschlagen (siehe Kapitel 1). Dazu war er nun zu alt, aber nur noch Beobachter der politischen Geschehnisse zu sein, ertrug er nicht. Für weitere

Aktivität gab es mehrere Wege: Erinnerungen schreiben, in der Presse aktiv werden, Einfluß nehmen durch persönliche Beziehungen. Alles das hat er betrieben, am entschiedensten die Einflußnahme, am wenigsten das Schreiben, welches, wie bei *Bismarck*, nicht über Anfänge hinausgekommen ist. Von den vielen Verlagsangeboten, die ihm zugingen, hat er keinen Gebrauch gemacht. Seine persönlichen Korrespondenzen, die „Geheimen Papiere", hob er seit längerem bei *Ida von Stülpnagel* in Karlstein auf, weil er sie in Berlin nicht für sicher hielt. Im Juli schrieb er rückblickend, er werde jetzt mit der Verantwortung für die drei Hauptfehler der letzten zehn Jahre belastet, obwohl er mit ihnen nichts zu tun hatte: Krügertelegramm, Bagdadbahnpolitik, anti-englische Reden und Politik.

Seine Aktivität in der Presse blieb verhältnismäßig gering. In dauernder Verbindung stand er mit dem Journalisten *Pascal David*, Redakteur der mit der „Kölnischen Zeitung" verbundenen „Straßburger Post". Alle Kritik, schrieb er an David, die wirksam sein solle, müsse sich gegen den Kaiser richten, der keinem ernsthaften politischen Druck standhalte, andererseits bei den wenigen Personen, die Zutritt zu ihm hätten, jeden Widerspruch systematisch unterbinde. Presse und Parlament blieben somit die beiden einzigen Institutionen, in denen Kritik möglich sei, und ohne systematische und zugleich taktvolle Kritik sei Deutschland verloren. Der Kaiser habe keinen politischen, sondern einen dramatischen Instinkt. Daher gebe er jedem Augenblickseindruck nach. In einem anderen Provinzblatt, der konservativen „Schlesischen Volkszeitung", schrieb Holstein schon vierzehn Tage nach seiner Entlassung, England verfolge, wie die Niederlage der Jingoes (=Chauvinisten) bei den letzten Wahlen gezeigt habe, seine Ziele mit friedlichen Mitteln. Die Ursachen englischer Besorgnis seien der mit so viel Lärm betriebene Bau der deutschen Flotte und das ständige Pressegeschwätz über einen unvermeidlichen Krieg mit England. Die Flotte halte England an der Seite Frankreichs. Also müsse die deutsche Flotte, wenn sie wirklich etwas erreichen wolle, so stark sein wie die englische und die französische zusammen. Das aber sei unmöglich. Die Flotte bleibe also im

Falle eines Krieges nutzlos. Es sei schlimm, daß sie nur auf Kosten des Heeres errichtet werden könne, von dem Deutschlands Schicksal abhänge. Also dürfe die Flotte nur einen Umfang erreichen, der Deutschlands wirklichen Interessen entspreche.

Hier klingt das Hauptthema an, das Holstein in seinen letzten Lebensjahren beschäftigte: der Friede mit England. Er veranlaßte den Redakteur *Röse*, den Artikel an alle Mitglieder des Reichstags zu senden, seine Autorschaft aber geheimzuhalten. Dem Reichsmarineamt erklärte Röse auf Anfragen, der Verfasser sei er selbst. Holsteins Verbindung mit der „Schlesischen Volkszeitung" brach bald ab, weil diese Auslassungen von *Ludwig Raschdau* über eine mögliche Wiederaufnahme der Marokkopolitik veröffentlichte.

Im Mai war *Bülow* soweit genesen, daß er Berlin zu einem Erholungsaufenthalt verlassen konnte. Vorher lud seine Gattin Holstein zu einem Diner ein. Das wiederholte sich, als der Kanzler im Oktober zurückkehrte. In der Folge kam es zu vielen weiteren Zusammenkünften, an denen oft auch die Mutter der Fürstin Bülow, *Donna Laura Minghetti*, teilnahm. Entgegen den Angaben in seinen „Denkwürdigkeiten" hat Bülow Holstein auch wiederholt in dessen Wohnung aufgesucht. Zeitweise erhielt Bülow von Holstein wöchentlich mindestens einen Brief, wobei gelegentlich Frau *Röber* Botin sein und der Eile halber ein Taxi benutzen mußte.

Holstein befielen Zweifel, ob er recht getan habe, sich zeitlebens mit einer bescheidenen Position zu begnügen. Er bedauerte nachträglich, *Bülows* Angebot im Jahre 1900 nicht angenommen zu haben. Das ist insofern berechtigt, als er damit auf die Gelegenheit verzichtet hat, wenigstens einmal seine Stimme an entscheidender Stelle und in aller Öffentlichkeit erheben und seine politischen Anschauungen und Absichten vor aller Welt dartun zu können. 1908 schrieb er in einem Privatbrief, die Macht, selbst Anweisungen zu geben, sei immer wirksamer, als andere überzeugen zu müssen. Das ist gewiß richtig. Nur hatte unter *Wilhelm II.* ein selbständig handelnder

Politiker oder auch Soldat bald „ausgedient". Siehe *Bismarck*, siehe *Waldersee*, siehe *Marschall* ... Holstein hatte recht, wenn er unter diesen Verhältnissen Bülow für den besten Kanzler hielt, denn einen stärkeren Mann würde der Kaiser nicht dulden. Selbst die „Novemberkatastrophe" 1908 (das Wort verwendet Frau *von Spitzemberg!*) hat daran nichts geändert, und als Bülow ging, hat Wilhelm II. *Bethmann* nur deshalb genommen, weil er von diesem in der Außenpolitik kein selbständiges Handeln erwartete.

Auf Grund der Erfahrungen von Algeciras zweifelte der pensionierte Geheimrat am fortdauernden Wert des Dreibundes. Er war der Ansicht, Italien müsse, wenn es nicht mehr dem Dreibund angehöre, mehr Rücksicht auf Österreich nehmen. Am Zweibund mit Österreich hielt er weiter unbeirrt fest. Dieser sei allein wirksamer als mit dem Anhängsel Italien. Mit England solle man direkte Verhandlungen über die Zukunft Österreichs, das heißt seine Erhaltung, aufnehmen. Er hielt es sogar für möglich, zu einem Abkommen mit Rußland über Österreich zu kommen, da der Zar dem Panslawismus ebenso wie anderen populären Bewegungen naturgemäß fernstehe und ihnen miß-traue. Solche Überlegungen mögen heute weltfremd klingen. Aber damals war nicht nur die Zukunft Österreich-Ungarns ungewiß, sondern auch die Zarenherrschaft bedroht. In Deutschland schien dagegen die Monarchie noch fest gegründet, ja ein „rocher von bronce" (*Friedrich Wilhelm I.*) zu sein; der Kaiser schien auf „dem mächtigsten Thron der Erde" (vgl. Kap. 4) zu sitzen, von dem sogar eine gewisse Ausstrahlung auf die inneren Verhältnisse der Nachbarländer ausgehen mochte.

Kernfragen der Außenpolitik blieben das Verhältnis zu England und die Flotte. Holstein ließ sich für deren Ausbau auch nicht durch das Argument gewinnen, sie sichere im Konfliktfall Deutschlands Küsten. Er meinte, auch das könne sie nur, wenn sie so stark wie der Gegner sei. Er befürchtete also im Ernstfall einen Angriff der britischen Flotte. Hierin stimmte er in gewissem Umfang mit *Tirpitz* überein, der damals auch noch nicht an die Möglichkeit einer britischen Fernblockade dachte.

Für die bestehende Lage und die aus ihr folgenden Probleme machte Holstein den Kaiser und seine Regierungsmethoden mehr und mehr verantwortlich, er hielt sie schlichtweg für eine nationale Gefahr. Der Herr, meinte er, werde nur aus bitteren Erfahrungen lernen. Seine fortgesetzten Versuche, Frankreich durch Freundlichkeiten zu gewinnen und eventuell von England zu trennen, hielt Holstein für „kindisch".

Im Mai 1908 wurde es ihm zu bunt. In einem Interview erklärte er *Lionel Caro,* dem Korrespondenten des Pariser „Matin", der Haß zwischen Deutschland und Frankreich sei „ein Luxus";[21] die Zeit werde kommen, da die beiden Völker das einsähen. Er warnte aber, betonte deutsche Freundlichkeit für ein Zeichen von Schwäche zu halten. Es bestehe keinerlei Aussicht auf eine Revision des Frankfurter Friedens.

Er opponierte gegen deutsche Konzessionen auf der zweiten Haager Friedenskonferenz 1907; bei der gleichzeitigen Erneuerung des Dreibundes empfahl er, Österreich die Bedingungen für eine weitere Beteiligung Italiens stellen zu lassen. Er verlangte sogar, Deutschland solle Österreich deutlich machen, es halte den Dreibund nur so lange für nützlich, wie die zweite „deutsche" Großmacht dies glaube. Der Vertrag wurde damals ohne Änderungen erneuert.

Mit seinem Hauptanliegen, der Verbesserung der Beziehungen zu England und der Einschränkung des Flottenbaues, hatte Holstein nach wie vor wenig Erfolg. *Bülow* ging gerade hier den Weg des geringsten Widerstandes. Holstein war auch weiter überzeugt, daß der Kanzler, namentlich wegen seiner Unzuverlässigkeit, in England als Haupthindernis einer Verständigung gelte. Da Gespräche zwischen dem Kaiser und König *Eduard VII.* im September 1908 keine Entspannung brachten, riet Holstein, *Tirpitz* nach England zu entsenden, damit er die wirkliche Lage kennenlerne. Der Kaiser werde hier wie immer nachgeben, wenn er wirksamem Druck ausgesetzt sei. Holsteins früher geäußerte Sorge, das Heer bekomme zu wenig, was die Flotte zuviel erhalte, griff 1908 die „Neue Preußische Zeitung" auf, die (wegen des Eisernen Kreuzes unter ihrem Titel) sogenannte „Kreuzzeitung". Der Geheimrat hoffte, gerade die Verbreitung solcher Gedanken werde in Preußen zur Dämpfung der Flottenpolitik beitragen, und er suchte Bülow für eine Pressekampagne in dieser Richtung zu gewinnen.

Deutsch-russische Gespräche in Swinemünde im Sommer 1907 konnten die Annäherung zwischen Rußland und England nicht verhindern. Ende August schlossen beide Mächte ein Abkommen, das die wesentlichsten Differenzen, hauptsächlich den beiderseitigen Besitz in Asien betreffend, beilegte. Kurz danach brach Holstein seine Kontakte zu *Bülow* ab. Erst Ende des Jahres ließ er sich dazu bewegen, sie wieder aufzunehmen. Im Juni 1908 war die Verbindung beider wieder so eng, daß sie sich durchschnittlich einmal wöchentlich sahen und fast täglich miteinander korrespondierten. Holstein war aber auch in ständiger Verbindung mit dem Staatssekretär *Freiherr von Schoen*, der *Tschirschky* im November 1907 abgelöst hatte, und mit dem Unterstaatssekretär *Stemrich*, den er später regelmäßig in seiner Wohnung empfing. Er überschüttete wie während seiner amtlichen Tätigkeit den Kanzler mit Ratschlägen zu politischen und zu Personalfragen. Darunter waren Angelegenheiten, die das Wohl der Bürobeamten und Amtsgehilfen betrafen, aber auch Dinge, die das Auswärtige Amt an sich nichts angingen. So mühte er sich im August 1908 mit Erfolg um die Begnadigung *Wilhelm Voigts*, des „Hauptmanns von Köpenick", dessen Geniestreich er zwei Jahre vorher bei der morgendlichen Zeitungslektüre mit lautem Gelächter quittiert hatte.

Zu merkbarer Wirksamkeit kam Holstein im Herbst 1908 in der großen außenpolitischen Krise, die entstand, als Österreich die Revolution der „Jungtürken" im Osmanischen Reich benutzte, die 1878 okkupierten Landschaften Bosnien und Herzogowina zu annektieren, und als gleichzeitig Bulgarien im Einvernehmen mit Griechenland seine völlige Unabhängigkeit von der Türkei erklärte. Der russische Außenminister *Isvolskij*, der sich im September mit der Annexion zunächst einverstanden erklärt hatte, fand nun, daß Österreich über die abgeschlossene Vereinbarung hinausgehe. Er schlug eine internationale Konferenz vor. Holstein war dagegen. Deutschland werde sich sonst bald in derselben Situation sehen wie in Algeciras. In bilateralen Verhandlungen mit allen interessierten Mächten werde man mehr erreichen. Es kam zu solchen Verhandlungen, die sich bis weit in das Jahr 1909 hinzogen.

Bald nach dem Beginn der Annexionskrise kam es in Deutschland zu einer ungeheuren Aufregung. Ende Oktober veröffentlichte der „Daily Telegraph" ein von taktlosen Äußerungen über die deutsch-britische Politik des letzten Jahrzehnts strotzendes Interview des Kaisers. Während die Auslassungen in England verhältnismäßig wenig beachtet wurden, erregten sie in Deutschland einen Sturm der Entrüstung. Über das Interview meint die Fürstin *Marie Radziwill* in ihren „Briefen vom deutschen Kaiserhof" (1936), es verrate, daß der Herrscher krank und sein Gehirn nicht mehr in normalem Zustande sei. Diesmal sei es schlimmer als eine Entgleisung; Frau *von Spitzemberg* urteilte nicht anders. Auch *Bülow* kam jetzt in eine schwierige Lage, weil der Kaiser ihm den Text vorher zur Prüfung zugesandt hatte. Dennoch wollte Holstein Bülow veranlassen, die Gelegenheit zur Unterbindung künftiger weiterer unverantwortlicher Aktivitäten des Kaisers zu nutzen. Der Kanzler verteidigte den Kaiser im Reichstag nur lau. Das Programm seiner nächsten Audienz, die erst nach einigen Wochen stattfand, diskutierte Holstein mit ihm stundenlang. Er riet, das Gewicht nicht so sehr auf die Tatsache der Veröffentlichung, sondern hauptsächlich darauf zu legen, daß die Äußerungen Ausländern gegenüber gemacht wurden. Alle Welt wisse, daß bei dem Kaiser nicht der Appell an die Vernunft, sondern nur der an die Furcht helfe. Der nächste Reichstag werde möglicherweise von den Sozialdemokraten beherrscht. Der Kaiser werde es sich zweimal überlegen, jetzt den Kanzler gehen zu lassen. Seiner Gewohnheit entsprechend schickte Holstein zusätzlich schriftliche Mahnungen. Das Ergebnis war eine offizielle Erklärung im „Reichsanzeiger", der Kaiser werde die Verfassung achten.

Trotz Holsteins nachdrücklichen Vorstellungen machte *Bülow* dem Kaiser seinen Standpunkt nur mit äußerster Milde klar, und noch Jahrzehnte später, in seinem Erinnerungswerk, brachte er sehr schäbige Lügen vor über den Zustand des Manuskripts und einen Auftrag zu dessen Prüfung, den er erteilt habe. Wie es bei solchen Gelegenheiten zu gehen pflegt: nur der Letzte wurde von den Hunden gebissen. Dem Geheimrat *Klehmet,* der den Text zur Prüfung erhalten hatte, wurde die Gesamtschuld zugeschrieben. Er wurde als Generalkonsul nach Athen versetzt. Den Unterstaatssekretär *Stemrich* konnte Holstein retten.

Während *Harden* in der Krise verlangte, daß sofort öffentlich die Abdankung des Kaisers gefordert werden müsse, ging Holstein weniger weit, meinte aber immerhin, diese Gelegenheit müsse dazu benutzt werden, weitere Eigenmächtigkeiten des Kaisers zu unterbinden. Er war – und zwar mit Recht – erbost über die Presse, die meist *Bülow* die größere Schuld zumaß. Bei der bestehenden Verfassung, die keine Ministerverantwortlichkeit kannte wie parlamentrisch regierte Länder, hätte der Kaiser selbst die Verantwortung übernehmen müssen. Die Veröffentlichung eines weiteren Interviews, das der Kaiser einem amerikanischen Journalisten gegeben hatte, konnte im letzten Augenblick verhindert werden. Jetzt teilte Holstein Hardens Standpunkt, daß es Zeit sei, den deutschen Wähler aufzuscheuchen.

Es geschah jedoch nichts. In der großen Reichstagsdebatte tadelten zwar alle Parteien, auch die Konservativen, das Verhalten des Kaisers, aber nur die Sozialdemokraten forderten konstitutionelle Änderungen.

Im Dezember beschäftigte sich der Reichstag mit der Tätigkeit Holsteins während seiner Zugehörigkeit zum Auswärtigen Amt. *Bülow* verteidigte ihn nachdrücklich. Holstein dankte dem Kanzler brieflich und betonte nochmals, daß seine Marokkopolitik niemals einen Krieg bezweckt habe. Gleichzeitig schrieb er an *Harden,* es sei eine Lüge, daß er, Holstein, ein Gegner der Weiterentwicklung des internationalen Rechts gewesen sei; er vertrete im Gegenteil die Ansicht, in Deutschlands isolierter Lage sei ein Kampf dagegen hoffnungslos.

Ende 1908 spitzte sich die Lage auf dem Balkan und im Nahen Osten zu, und Holstein dachte daran, seinen alten Freund *Kiderlen,* der seit über einem Jahrzehnt als Gesandter in Bukarest in der Verbannung lebte und gelegentlich *Marschall* in Konstantinopel vertreten durfte[22], an Stelle des Herrn *von Schoen* zum Staatssekretär des Auswärtigen Amts zu machen. Um Schoen in Paris unterzubringen, war er bereit, die Pensionierung seines Freundes *Radolin* gutzuheißen. *Bülow* ging schließlich – widerwillig – darauf ein, Kiderlen vertretungsweise nach Berlin kommen zu lassen. Daraus und aus anderen Fakten geht hervor, daß Holsteins Einfluß in den letzten Monaten seines Lebens einen neuen Höhepunkt erreichte.

Die Nahostkrise belastete das junge Einvernehmen zwischen Rußland und England, wo die regierenden Liberalen mit einer weiteren Revolution in Rußland rechneten, sobald dieses in einen Krieg verwickelt werde. Da Österreich bei dem Übereinkommen zwischen seinem Außenminister *Ährenthal* und *Isvolskij* in Buchlau, dem mährischen Schloß des damaligen Botschafters in Petersburg, *Graf Leopold Berchtold,* im September 1908 Rußland freie Fahrt durch die Meerengen zugestanden hatte, blieb es England überlassen, zusammen mit der Türkei die Verwirklichung solcher Aussicht zu verhindern. Die Chancen Rußlands, sein Ziel zu erreichen, waren gering, da es zwar auf Österreich drücken, nicht aber Frankreich gewinnen konnte, gleicherweise gegen England zu verfahren. Deutschland dagegen verwandte seinen Einfluß in der Türkei hauptsächlich dazu, deren Regierung zur Anerkennung der österreichischen Annexionspolitik zu überreden.

Die deutsche Regierung verfuhr in der Außenpolitik diesmal ganz nach den Rezepten Holsteins. Der Kaiser, der sonst oft den Mund so voll nahm, richtete zu Neujahr 1909 an seine Kommandierenden Generale eine, wie Holstein fand, kleinlaute Ansprache. Mehr aus innenpolitischen Gründen, so wegen der vom Kanzler im Zuge der Reichsfinanzreform erwogenen Erbschaftssteuer, kühlte sich Holsteins Verhältnis zu *Bülow* wieder einmal ab. Er meinte, durch die Erbschaftssteuer würden die solidesten und konservativsten Elemente im Lande, Landadel und Bauernschaft, am stärksten belastet.

Daß die Russen noch nicht nachgaben, schrieb er im März hauptsächlich *Arthur Nicolson* zu, dem britischen Botschafter in Petersburg. Damals schlug Serbien, das seit langem hoffte, selbst Bosnien und die Herzogowina zu erwerben, eine Konferenz vor, auf der die Beschlüsse des Berliner Kongresses überprüft und ergänzt werden sollten. Diesmal gelang es Holstein, *Bülow* zum Durchhalten zu bewegen. Eine Woche später sandte Deutschland eine Note an Rußland, mit der es den serbischen Vorschlag ablehnte, und am Monatsende erkannte Serbien in einer Note an Österreich die Annexion förmlich an.

Für Deutschland und seinen Verbündeten war ein großer Erfolg errungen, der letzte wirklich bedeutende vor dem Ausbruch des Weltkrieges. Aber es war ein Pyrrhussieg. Nur die Tatsache, daß sich Rußland vom japanischen Kriege und der folgenden Revolution noch nicht so weit erholt hatte, es auf einen bewaffneten Konflikt ankommen lassen zu können, bewirkte das damalige Im-Stich-lassen seines verläßlichsten Alliierten auf dem Balkan. Das Einvernehmen des Zweibundes mit England, in Deutschland damals schon als „Einkreisung" bezeichnet, obwohl die Absprachen keine offensiven Intentionen hatten, wurde gestärkt. Für Österreich hatte die Annexion, die faktisch wenig änderte, fast nur Prestigewert. Außerdem wurde sie für die Donaumonarchie zum innenpolitischen Problem, weil die Fragen, welche der beiden Reichshälften in den neuen Provinzen „das Sagen" haben und wie deren staatsrechtliche Verhältnisse geregelt werden sollten, einer Lösung bedurften.

✳

Holsteins Gesundheit, die schon in den letzten Jahren seiner amtlichen Tätigkeit sehr angegriffen war, besserte sich im „Ruhestand" nicht mehr, obwohl er, wie früher, viele lange Wanderungen unternahm. Den Weihnachtsabend 1908 verbrachte er – wie seit 1892 regelmäßig – bei Frau *von Lebbin*, und am zweiten Weihnachtstag ging er zum Diner zu Frau *von Wedel-Malchow*, doch ermüdete ihn beides sehr. Im März 1909 wurde er wegen einer Thrombose im rechten Bein bettlägerig. Außerdem litt er an beständigem Husten. Kurz vor einem angekündigten Besuch *Bülows* erlitt Holstein am 3. April einen Herzanfall. Gegen den Einspruch des Arztes bestand der Kranke darauf, den Kanzler zu empfangen. Das Gespräch dauerte über eine Stunde, während Frau von *Lebbin*, der zu Gefallen der Kanzler und seine Gattin – nach dem Zeugnis Frau *von Spitzembergs* und anderer – in Holsteins letzten Jahren alles Mögliche an Aufmerksamkeiten aufboten, und *Graf Hutten-Czapski* im Nachbarraum warteten. Bülow hat in seinen „Denkwürdigkeiten" über diesen Besuch berichtet, aber wie in so vielem anderen oberflächlich und unzuverlässig. Er behauptet wahrheitswidrig, daß es der erste und einzige Besuch bei Holstein gewesen sei, jedoch schreibt er übereinstimmend mit Hutten-Czapski, Holstein habe ihn aufgefordert, im Amt auszuhalten, und sein letztes Wort sei: „bleiben, bleiben!" gewesen. Einige Tage später richtete Holstein, mit Bleistift, an Bülow einen letzten Brief, in welchem es heißt, er müsse die Annäherung an England fortsetzen. Nach vorübergehender Besserung wurde es Anfang Mai deutlich, daß das Ende nahe war. Holstein starb am 8. Mai im Beisein von Frau von Lebbin und Hutten-Czapski, die in den letzten Tagen sein Zimmer kaum noch verlassen hatten.

Am 11. Mai wurde er, seinem Wunsch gemäß, auf dem Berliner Invalidenfriedhof in einer Frau *von Lebbin* gehörenden Grabstätte beigesetzt. Es wurde mit einigem Erstaunen vermerkt, daß *Radowitz* der Beisetzung beiwohnte, *Radolin* jedoch nicht. Der Kaiser nahm offiziell keine Notiz, doch wird in verschiedenen Versionen berichtet, er habe die Nachricht vom Tode Holsteins mit großer Erleichterung aufgenommen.

Nachbemerkung zum Holstein-Nachlaß

Erst ein Vierteljahrhundert nach dem Tode Holsteins begann die historische Forschung, sich näher mit ihm zu befassen. Den Anstoß gab die Veröffentlichung von *Bülows* „Denkwürdigkeiten" unmittelbar nach dessen Ableben (1929), die wegen ihrer ganzen Tendenz und wegen vieler Einzelheiten verbreiteten Widerspruch fanden. Einer der Wortführer dieses Widerspruchs, der Historiker *Friedrich Thimme*, lenkte damals die Aufmerksamkeit auf den noch bei dem Bankier *Paul von Schwabach* befindlichen Holstein-Nachlaß. Holstein hatte vor seinem Tode die Papiere seiner Freundin *Helene von Lebbin* zu deren Schutz gegen mögliche Angriffe vermacht und sie noch selbst aus Karlstein, wo er sie seit 1884 untergebracht hatte, abholen lassen. Nach Frau von Lebbins Tod, 1914, waren sie in den Besitz Schwabachs übergegangen. Der Archivar *Helmuth Rogge,* der 1932 einen ersten authentischen Beitrag zu Leben und Persönlichkeit Holsteins veröffentlichte, seine Briefe an *Ida von Stülpnagel,* sollte im Auftrage Schwabachs den gesamten Nachlaß herausgeben. Aber in den dreißiger Jahren wurden Schwabach als einem „Nichtarier" die Papiere entzogen und von der Gestapo beschlagnahmt. Veröffentlicht wurden sie nach dem Zweiten Weltkriege zunächst in englischer Sprache durch die Historiker *Norman Rich* und *Max Henry Fisher*[23]. Die deutsche Ausgabe besorgte Ende der fünfziger und Anfang der sechziger Jahre *Werner Frauendienst*, Professor in Mainz. Rogge, der bei der Nachlaßbearbeitung beratend tätig war, ergänzte sie durch zwei weitere Bücher und mehrere Zeitschriftenaufsätze.

1965 folgte die große zweibändige Biographie von *Norman Rich*, die leider nicht ins Deutsche übersetzt worden ist.

Das Bild wurde zwar nicht mehr in wesentlichen Zügen verändert, aber doch in vielem ergänzt durch weitere Nachlaßveröffentlichungen, von denen die umfangreichste, die der Eulenburg-Papiere, noch im Gange ist.

Anmerkungen

[1] Der Kardinalstitel Eminenz stammt aus der Zeit *Richelieus*, 1630 von *Papst Urban VIII.* eingeführt. Man lese dazu *Alessandro Manzonis* „I Promessi sposi" (Die Verlobten). Der Titel ist, ein seltener Fall, der ihm dort angekündigten *Inflation* entgangen.

[2] Dessen wirklicher Ursprung allerdings in Vergessenheit zu geraten droht, da es gelegentlich „verfremdet" als „Holsteiner Schnitzel" begegnet.

[3] Der Verfasser erinnert sich, daß Ende der dreißiger Jahre die Schwartz-'sche Vakanzenzeitung regelmäßig einschlägige Stellenangebote enthielt.

[4] Der Leser sei daran erinnert, daß bis nach dem Zweiten Weltkrieg zwischen Botschaften und Gesandtschaften unterschieden wurde. Erstere wurden lange Zeit nur von Großmächten, später auch von den bedeutenderen mittleren Staaten unterhalten. Preußen, das bis zu den Einigungskriegen nicht voll als Großmacht zählte, hatte bis in die sechziger Jahre nur Gesandtschaften. Von 1867 an gab es in manchen Fällen nebeneinander Vertretungen des Norddeutschen Bundes bzw. des Deutschen Reiches und Preußens oder anderer Bundesstaaten, da deren Gesandtschaftsrecht bestehen blieb.

[5] Es mag erwähnt werden, daß Holstein damals wie später im In- und Ausland sich Baron nennen ließ, obwohl er nicht Freiherr, sondern nur einfacher „Herr von" war. Ähnlich hielten es manche Standesgenossen, darunter der junge *Bismarck.*

[6] Mit dem Russischen hat Holstein sich im Gegensatz zu seinem Chef, der wenigstens einiges von dieser Sprache lernte, nicht befaßt. Das war auch damals unter Diplomaten nicht üblich. Nicht einmal der mit einer Russin verheiratete Botschafter *Joseph Maria von Radowitz* hat die russische Sprache wirklich erlernt. In der russischen Oberschicht sprach „man" allgemein Französisch oder Deutsch oder beides.

[7] Ein Zweig der Familie *Acton* kam im 18. Jahrhundert in Italien zu Ansehen, vor allem durch *Sir John Francis Edward A.,* 1736–1811, seit 1779 Minister, ab 1784 durch das Vertrauen des Königs *Ferdinand IV.* und seiner Gemahlin *Maria Karoline,* einer Tochter *Maria Theresias,* Premierminister des Königreichs Neapel-Sizilien. *Donna Laura,* 1829–1915, ist seine Großnichte. Lord A. führte den Namen *Dalberg* nach seiner Mutter, die der bekannten pfälzischen Familie angehörte und in zweiter Ehe den liberalen Staatsmann Lord Granville heiratete.

[8] Holstein war mit einem anderen Zweig der Familie *Arnim* versippt; er hatte einen etwa gleichaltrigen Vetter *Hermann von A.-Milmersdorf,* der durch seinen Vater *August von H.* längere Zeit unterstützt wurde.

[9] So hießen die „Mediatisierten" von 1803 bzw. 1806, das heißt die damals ihrer Herrschaftsrechte verlustig gegangenen vorher „reichsunmittelbaren" Fürsten und Grafen, die nunmehr zwischen regierenden Häusern und den Inhabern „gewöhnlicher" Adelstitel standen. Interessierte seien auf die Monographie von *Heinz Gollwitzer* (1958) hingewiesen.

[10] Beim Vatikan gab es bis nach dem Ersten Weltkriege keine deutsche Botschaft, sondern nur preußische und bayerische Gesandtschaften. – Ein Bild *Konstantin Hohenlohes,* der auch österreichischer General war, wird in einer bekannten „Deutschen Geschichte" *(Michael Freund)* seinem Bruder *Chlodwig* zugeordnet.

[11] *Hatzfeldt* war von seiner Frau, der Amerikanerin *Helene Moulton,* geschieden, mit welcher er sich später im Interesse des Fortkommens der Kinder wieder verehelichte.

[12] Im Deutschen Reiche gab es kein Kaiserhaus, sondern nur die Verbindung der Würde eines Deutschen Kaisers mit dem preußischen Königshause. Es gab daher im Hause Hohenzollern außer dem Kronprinzen und seiner Gemahlin keine kaiserlichen, sondern nur königliche Prinzen, denen die österreichischen Erzherzöge und die russischen Großfürsten im Range vorgingen.

[13] *Egon Caesar Conte Corti,* 1950.

[14] Vater von *Winston Churchill.*

[15] Eingehend dargestellt bei *Hansjörg Renk,* Bismarcks Konflikt mit der Schweiz. Der Wohlgemuth-Handel von 1889. Vorgeschichte, Hintergründe und Folgen. Basler Beiträge zur Geschichtswissenschaft. 125. 1972.

[16] Über Holsteins religiöse Anschauungen sind wenig sichere Aussagen zu machen. Daraus, daß bei ihm, im Gegensatz zu *Bismarck,* keine Beteiligung am

kirchlichen Leben festzustellen ist, kann aber nicht geschlossen werden, daß er sich vom evangelischen Christentum völlig entfernt habe. Immerhin schreibt er gelegentlich über Bismarcks Kirchenpolitik: „Seine Durchlaucht stellt die Politik allzu sehr über die Religion", und bezüglich des Schicksals Kaiser *Friedrichs III.* fand er „Gottes Wege wunderbar".

[17] Zu allen Zeiten und in den verschiedensten Bereichen war es so, daß gerade über die wichtigsten Anweisungen und Befehle und erst recht über deren Gründe kein schriftliches Zeugnis vorliegt. Ein verantwortlich Handelnder äußert sich schriftlich möglichst nur dann, wenn es seinen Absichten oder Interessen förderlich ist. Es hat daher wenig Sinn, in bestimmten Fällen nach „etwas Schriftlichem" zu suchen, etwa, um ein Beispiel zu nennen, nach irgendeiner Weisung *Hitlers* zur „Endlösung".

[17a] Eine gleichnamige Tochter des berühmten Südstaatengenerals *Robert Edward Lee* war ihre Schulfreundin. Siehe *Alson Jesse Smith,* In Preußen keine Pompadour (A view of the Spree, dt. von Fritz Jaffé). 1965. Auch als Taschenbuch, DTV 651, 1970.

[18] In Faschoda am Weißen Nil hatte Hauptmann *Marchand* die französische Flagge gehißt, die auf Verlangen der Briten eingeholt werden mußte.

[19] Er erlag während eines Diners bei Borchardt einem Schlaganfall. Dabei sollen wichtige Dokumente, die er bei sich trug, entwendet worden sein.

[20] Das Wort, schon zur Zeit *Friedrich Wilhelms IV.* in häufigem Gebrauch, Diminutiv von span. camara = Zimmer, bezeichnet ursprünglich das innerste Vorzimmer des spanischen Königs, im übertragenen Sinne den engen Kreis der Auserwählten, die dort Zutritt hatten und den Monarchen mehr oder weniger abschirmten.

[21] Vier Jahre später wandte *Winston Churchill* diese Vokabel auf die deutsche Flotte an.

[22] *Kiderlen,* bei dem Zunge und Schreibzeug recht locker saßen, bediente sich als Rat im kaiserlichen Gefolge in seiner Korrespondenz einer mehr als freimütigen Redeweise über hochgestellte und „allerhöchste" Persönlichkeiten, legte z. B. seiner Spottlust über die Köngin *Victoria,* „das most gräcious queenchen", und den Prinzen von Wales *(Eduard VII.),* für ihn „der dicke Wahles", keine Zügel an. Gegner, wohl unter Beteiligung *Bülows,* den er sehr treffend „der Aal" zu nennen pflegte – einmal schreibt er: „gestern speiste ich beim Aal, leider nicht den Aal" – spielten einige seiner Briefe in die Hände des Kaisers.

[23] *Max Heinrich Fischer,* mit seinen Eltern aus Deutschland emigriert.

Bernhard von Bülow, mit seiner Frau am Grabe Friedrich von Holsteins auf dem Berliner Invalidenfriedhof.

Literaturhinweise

Diesem Buch ist, dem Willen von Herausgeber und Verlag entsprechend, kein wissenschaftlicher Apparat im herkömmlichen Sinne beigegeben. Der Sachkenner wird ohnehin feststellen, wem der Autor verpflichtet ist. Einige der wichtigsten Veröffentlichungen seien hier jedoch genannt, um dem interessierten Leser eine Hilfe zu geben.

Balfour, Michael, The Kaiser and his times. London 1964. Deutsch: Der Kaiser. Wilhelm II. und seine Zeit. Mit einem einleitenden Essay von Walter Bußmann. 1967

Bismarck, Herbert von, Staatssekretär Graf Herbert von B. Aus seiner politschen Privatkorrespondenz. Herausgegeben und eingeleitet von Walter Bußmann... Deutsche Geschichtsquellen des 19. und 20. Jahrhunderts. 44. 1964

Brauer, Arthur von, Im Dienste Bismarcks. Herausgegeben von Helmuth Rogge. 1936

Craig, Gordon Alexander, Germany 1866–1945. Oxford University Press 1978. Deutsch 1980

Dülffer, Jost. Regeln gegen den Krieg? Die Haager Friedenskonferenzen 1899 und 1907 in der internationalen Politik. 1981

Eulenburg-Hertefeld, Philipp Fürst zu, Philipp E's. politische Korrespondenz. Herausgegeben von John Charles Gerald Roehl. 1 – Deutsche Geschichtsquellen des 19. und 20. Jahrhunderts. 52 – 1976 – Band 3 soll 1983 erscheinen.

Gall, Lothar, Bismarck. Der weiße Revolutionär. 1980

Hank, Manfred, Kanzler ohne Amt. Fürst Bismarck nach seiner Entlassung 1890–1898. 1980

Hatzfeldt, Paul Graf, Botschafter Graf Paul von H., Nachgelassene Papiere 1878–1901. Herausgegeben und eingeleitet durch Gerhard Ebel in Verbindung mit Michael Behnen. 1.2. Deutsche Geschichtsquellen des 19. und 20. Jh. 50.51.1976

Hoelzle, Erwin, Die Selbstentmachtung Europas. Das Experiment des Friedens vor (dem) und im Ersten Weltkrieg. 1975

Hohenlohe, Chlodwig Fürst zu, Denkwürdigkeiten der Reichskanzlerzeit. Herausgegeben von Karl Alexander von Müller. 1931. Neudruck: Deutsche Geschichtsquellen ... 28.1967

Holstein Friedrich von, Die geheimen Papiere. Herausgegeben von Werner Frauendienst. 1.–4.1956–1963

Hutten-Czapski, Bogdan Graf, Sechzig Jahre Politik und Gesellschaft. 1. 2. 1936

Rich, Norman, Friedrich von Holstein. Politics and diplomacy in the era of Bismarck and William II. 1. 2. 1965

Richter, Günter, Friedrich von Holstein. Ein Mitarbeiter Bismarcks. Historische Studien. 397. 1966

derselbe, Friedrich von Holstein. Persönlichkeit und Geschichte. 49.1966

Rogge, Helmuth, Friedrich von Holstein. Lebensbekenntnis in Briefen an eine Frau. 1932

derselbe, Holstein und Hohenlohe. Neue Beiträge zu Friedrich von H's. Tätigkeit als Mitarbeiter Bismarcks und als Ratgeber Hohenlohes. Nach Briefen und Aufzeichnungen aus dem Nachlaß des Fürsten Chlodwig zu H.-Schillingsfürst 1874–1894. 1957

derselbe, Holstein und Harden. Politisch-publizistisches Zusammenspiel zweier Außenseiter des wilhelminischen Reichs. 1959

derselbe, Zur Geschichte der Holstein-Forschung. 1974 (Selbstverlag)

Spitzemberg, Hildegard von, Das Tagebuch der Baronin S. geb. Freiin von Varnbüler. Aufzeichnungen aus der Hofgesellschaft des Hohenzollernreichs. Ausgewählt und hrsg. von Rudolf Vierhaus. Mit einem Vorwort von Peter Rassow. Deutsche Geschichtsquellen ... 43. 1960. [3]1963

Stern, Fritz, Gold and Iron. Bismarck, Bleichröder and the building of the German Empire. 1977. Deutsch: Gold und Eisen. B. und sein Bankier Bleichröder. 1978

154

Zeittafel

1837
24. April: Friedrich von Holstein in Schwedt/Oder geboren

1853
Niederlassung der Familie Holstein in Berlin. Abitur

1853–1859
Studium, juristische Ausbildung

1858
Tod der Mutter

1859
Große juristische Staatsprüfung

1860
Aufnahme in den diplomatischen Dienst

1861–1888
Wilhelm I. König von Preußen (1871 Deutscher Kaiser)

1861–1862
Attaché in Petersburg

1862–1890
Bismarck preußischer Ministerpräsident (Unterbrechung 1873;

ab 1867 Bundeskanzler des norddeutschen Bundes, 1871 Reichskanzler)

1863
Tod des Vaters. Diplomatenprüfung

1863–1867
Attaché in Brasilien, England, den Vereinigten Staaten; private
Reisen

1867–1870
Beteiligung an der Tauerei-Schleppschiffahrt

1870–1871
Deutsch-französischer Krieg

1870
Juli–August: Mission nach Florenz – August–Dezember: Im
Auswärtigen Amt. Beginn der Beziehungen zu *Chlodwig Fürst
Hohenlohe-Schillingsfürst*

1871
In *Bismarcks* Feldquartier und im Stabe des Befehlshabers der
Besatzungstruppen

1871–1876
Botschaftssekretär in Paris

1873–1874
Arnim-Affäre

1876–1906
Dienst im Auswärtigen Amt

1878
Berliner Kongreß. Vortragender Rat in der Politischen Abteilung

1881–1885
Paul Graf Hatzfeldt-Wildenburg Staatssekretär

1884
Streit mit *Bismarcks* Schwiegersohn *Graf Kuno Rantzau*

1885–1890
Herbert Graf von Bismarck Staatssekretär

1886
Beginn der Beziehungen zu *Philipp Graf zu Eulenburg*

1888–1918
Wilhelm II. Deutscher Kaiser

1890
20. März: Entlassung *Bismarcks*

1890–1897
Adolf Freiherr Marschall von Bieberstein Staatssekretär

1890–1894
Georg Leo (Graf) von Caprivi Reichskanzler

1894
Kladderadatschaffäre. „Aussöhnung" des Kaisers mit *Bismarck*

1894–1900
Chlodwig Fürst Hohenlohe Reichskanzler

1896
Krügerdepesche

1897–1900
Bernhard (Graf) von Bülow Staatssekretär

1898
Erstes Flottengesetz. Tod *Bismarcks*

1898–1901
Deutsch-englische Bündnisgespräche

1899
Wirklicher Geheimer Rat und Excellenz. Erste Haager Friedenskonferenz

1900–1909
Bernhard (Fürst) von Bülow Reichskanzler

1904
Entente cordiale zwischen England und Frankreich

1905–1906
Erste Marokkokrise. Schlieffenplan

1906
Konferenz zu Algeciras. 16. April Entlassung Holsteins

1907–1908
Eulenburgprozesse

1908
Annexionskrise. „Daily Telegraph"-Skandal

1909
8. Mai Tod Holsteins in Berlin-Kreuzberg

Personenregister

(Reichskanzler Fürst Bismarck und Kaiser Wilhelm II. sind nicht aufgenommen.)

163

Berlin auf den zweiten Blick

Herausgegeben von Rainer Höynck, Heinz Ohff und Christian Chruxin.

Sympathisch ist das Buch erst einmal deshalb, weil es nicht die Hochglanzseite West-Berlins zeigt, das „Glitzerding", dessen diskreter Charme sich unterdessen in der Ruine der Kongreßhalle so sinnfällig manifestiert hat. Der Band ist auch sympathisch, weil er liebevoll morbide das zeigt, was Berlin immer noch zu einem Magneten für viele Westdeutsche macht: seine Parks, Märkte, Kneipen, kulturellen Aktivitäten, seine Menschen. Er spart nicht die moribunde S-Bahn aus und die Monotonie der Arbeitswelt — aber in allem steckt ein Stückchen Hoffnung; so, daß man am Ende sagen kann: ja, das ist Berlin. Und das will angesichts der Flut von Berlin-Bild-Bänden eine ganze Menge heißen: „Berlin auf den zweiten Blick". (Rias, Berlin)

256 Seiten mit 744 teils farbigen Fotos, Leinen.

Berlin – gestern und heute

Der Band gehört zu den Spitzentiteln unter den Berlin-Publikationen und liegt im 75. Tausend vor. Die Ausgabe ist vollständig neu konzipiert. — Der erste Teil umfaßt Aufnahmen aus dem alten Berlin, während der zweite die Stadt nach der Zerstörung 1945 zeigt. Der dritte Teil präsentiert das heutige Berlin mit vorzüglichen Aufnahmen, überwiegend West-, aber in einem eigenen Kapitel auch Ost-Berlin. Ein umfangreicher nach Themenbereichen gegliederter Textteil ergänzt das Bildmaterial und rundet den Band.

172 Seiten mit 151 teils mehrfarbigen Fotos, Leinen.

Stapp Verlag